青春文庫

英会話
仕事がうまくいく
キーワード100

柴田真一

JN113928

青春出版社

▶**Prologue**

　本書は、2016年3月に上梓した『一流は、なぜシンプルな英単語で話すのか』に「オンラインミーティングをこなす単語」を新たに書き下ろし、再編集したものです。

　仕事を前に進め、相手との信頼関係を築くために有効なキーワードとその使い方について解説した本というコンセプトはそのままで、Webミーティングを円滑に進めるのに不可欠なキーワードを盛り込みました。原本同様、現在または将来的に仕事で英語を必要とされるビジネスパーソンが身に付けておくべき100個のキーワードを厳選しています。

「Web会議では、対面よりも求められる英語のハードルが上がった」
「対面と違って、オンラインで自分の思いを伝えるのはなかなか難しい…」
　パンデミックによって突如**ニューノーマル（新常態）**に直面したビジネスパーソンからは、こんな声が聞こえてきます。

Web 会議では、表情、姿勢、ボディランゲージといった非言語情報の活用が制限されるため、言葉そのもので円滑な意思疎通を図らなければなりません。

Web では長時間集中できないので効率的に進めるという前提のもとで、発言はコンパクトにまとめ、雑談も控えるという暗黙のプレッシャーもあります。相手の発言に理解を示しながら自分の意見を率直に語り、気持ちを言葉に乗せるのは容易ではありません。ハードルが上がったと感じるのも当然です。

Web 会議だけではありません。E メールが電話にとって代わりつつあるという流れの中、パンデミックによって対面で話す機会が減ったことも加わり、E メールのやりとりは更に増えています。

加えて、ITC の技術革新によってビジネスチャットツールが浸透し、メッセージのやりとりにもこれまで以上のスピード感が求められるようになりました。

こうした刻々と変化する環境下において、仕事で求められるのはどんな英語でしょうか。

次の 2 つのポイントについて考えてみたいと思います。

❶ plain English（わかりやすい英語）

Web 会議、E メール、ビジネスチャットといった非言語情報が限定的なコミュニケーション手段においては、

clear（明瞭）かつconcise（簡潔）な言語情報のやりとりが不可欠です。

　その意味において、シンプルな plain English（わかりやすい英語）を使う重要性・必要性は、対面のとき以上に高まっています。

　外部環境に目を向けると、**パンデミックによって世の中は内向きになったかのように見えますが、ビジネスに関してはグローバル化の流れはむしろ加速しており、**企業は、アジア、中南米、アフリカといった新興市場を含むグローバルなプラットフォームを構築しようと、しのぎを削っています。

　モノを売る、サービスを提供するという商売では、モノを買う側、サービスの提供を受ける側の立場が強いのが普通ですが、モノやサービスを買う立場としての新興諸国の存在感は大きくなる一方です。

　それに伴い、世界共通のビジネスコミュニケーションツールとしての英語は、ノンネイティブ（英語を母語としない人）に配慮することが欠かせなくなってきています。

　つまり、**plain English（わかりやすい英語）を使うことがビジネスマナーになりつつある**と言っても過言ではありません。

　英語はリンガ・フランカ（Lingua franca: 共通の母語を持たない集団内において意思疎通に使われる言語）という位置づけの言葉です。

ミーティングでは、出席者の顔ぶれで、話す英語のレベルが決まってきます。多国籍の人が集まるグローバル・ビジネスの現場で使われる単語は、自然とシンプルなものが多くなっています。

　ネイティブスピーカーが英語をまくしたててノンネイティブスピーカーを圧倒するのは、もはやマナー違反。わからないことは堂々と聞き返し、お互い誤解がないよう確認し合うことができる時代なのです。

　本書の元となっている『一流は、なぜシンプルな英単語で話すのか』というタイトルには、参加者間のしっかりした意思疎通には、**シンプルで、あいまいさは残さずに、はっきりと伝わる英語を話すこと**が重要という真意がありました。

　非言語情報が限定的なコミュニケーション手段が中心となった今、plain English の重要性が一段と鮮明になったと言えるでしょう。

❷ personal touch（温かみ）

　対面で話す機会が減る一方、Web 会議は仕事中心で雑談しにくくなるといったこともあり、相手との心理的な距離を感じるようになったことは、誰もが経験済みだと思います。

　こうした相手との心理的な距離を縮めるために、会話やメールのやりとりの中に **personal touch（温かみ）** を盛

り込む工夫をすることが大切になってきています。コロナを通して人間が優しさを取り戻し、効率一辺倒ではなく温かみを求めるようになったという側面もあるかもしれませんね。

例えば、海外との Web 会議では、参加者がオンラインに入ってきてからスタートまでのちょっとした時間に、軽い雑談をすることが多いです。

カメラをオフ、音声をミュートにして開始を待つのではなく、オンライン会議の硬い雰囲気を少しでも事前に和らげておこうということですね。先方の様子を聞いたり、ちょっとしたユーモアを盛り込んだり、といった工夫がみられます（⇒詳しくは p049「Web 会議開始前の icebreaker」をご参照ください）。

メールでも、Please find attached…（〜を添付します）や Please find below…（以下、〜です）といった事務的な決まり文句ではなく、**I'm attaching…、I'm pleased to give you…**という会話調の文でちょっとした温かみを出す、最後はお決まりの Regards ではなく **Talk to you soon!** と感嘆符を付けて気持ちを表す、といった細かな工夫がみられます。

対面からオンラインへの流れは、パンデミック後に多少の戻りはあるとしても、オンラインで済む部分については、仕事の効率化を考えオンラインとなるでしょう。

逆に対面は貴重な機会になると考えられるため、心理的な距離をグッと縮めておくための会話力が必要となってくるでしょう。

このように、**clear and concise な plain English で意思疎通をしながら、そこにちょっとした personal touch を盛り込む**ことが、ポストコロナ時代における英語でのビジネスコミュニケーションで意識すべき点ではないかと考えます。

2021年4月から新講座としてスタートした**「NHK ラジオビジネス英語」**もこの点を意識し、英語を勉強するというよりは、**英語での効果的なコミュニケーションを通して相手との信頼関係を築く**ことを目指しています。

私は、銀行員として約20年の海外勤務（ロンドン15年＋ドイツ5年）を経験し、仕事で40か国以上を訪問する機会に恵まれました。その間、さまざまな国の外国人と仕事をするとともに、海外で日夜奮闘されているたくさんの日本出身のビジネスパーソンにお会いすることができました。

日本出身の方の中には、高度な英語を駆使して外国人と同じ土俵で仕事をしている方がいらっしゃる一方、**仕事はできるのに「英語の運用力不足やコミュニケーションの要領」が不十分なために苦労している、割を食っていると感じている方**も多数いらっしゃることがわかりました。私自身も、そのような悔しい思いをした経験が幾度となくありました。

文法的に正しく、発音が美しい英語が話せれば、それに越したことはありません。加えて、ネイティブしか使わないような洒落たイディオムを駆使して話せば、ネイティブはその英語力に一瞬驚くかもしれません。

　しかし、だからといって、それで外国人から一目置かれる存在になれるわけではありません。

　それよりも重要なのは、**メッセージの中身、発信力、伝え方**です。

　本書は、やや大げさに言わせていただくと、
「あのビジネスは、あの単語で動き始めた」、
「あのフレーズで、親しくなったり関係を修復したりするきっかけを作った」
　といった、私自身の思い出がよみがえるキーワードを厳選してあります。迷わず安心してお使いいただけるものばかりです。

　伝え方については、方程式や正解があるわけではありません。人によって反応も違うでしょうし、必ずうまくいくとは限りませんが、この場面で使ってみようというものがあったら、ぜひ実際に活用してみてください。

　本書が、外国人と仕事をするうえで、皆さんの仕事を一歩前に進め、相手の信頼を勝ち取る一助となれば、大変嬉しく思います。

柴田真一

Contents

Chapter 1

オンラインミーティングがうまくいく単語

Chapter 2
初対面で良い印象を与える単語

Chapter 3
雑談が盛り上がる単語

Chapter 4

プレゼンテーションで使える単語

Chapter 5

ミーティングで役立つ単語

Chapter 6

依頼・お願いをするときの単語

Chapter 7

断るとき、断られたときの単語

Chapter 8

注意をうながす単語・ほめる単語

Epilogue _____ 249

Chapter 1

オンラインミーティングがうまくいく単語

いまや日常となったオンラインでの会議
やミーティング。スムーズな意思疎通の
ために、ぜひ知っておきたい表現を見て
いきましょう！

have a bad connection

接続が悪い

Example

Can I participate with audio only today? I have a bad connection.

今日は音声だけで参加させてもらえますか。接続が悪いので。

接続が悪いことを伝えるひと言です。**with audio only** は「音声だけ」。

オンライン会議で回線がつながったら、まずは、

How's your Internet connection over there?

などと言って、接続状況を確認し合いましょう。

> 💬 こんな言い方もできる
>
> **I don't know why, but my connection hasn't been great since yesterday.**
>
> 原因は不明なんですけど、昨日からインターネットの調子がいまひとつなんです。

トラブルがある場合の言い回しです。調子が悪い場合は次のように対処するのもありですね。

If the connection is dull, we can turn our cameras off. Can you at least hear us okay?

回線が重そうなので、カメラはオフにしましょうか。せめてこちらの声はちゃんと聞こえてますか？

dull（鈍い）は、ここでは「回線が重い」。

> 💬 have a connection は、こんなふうにも使える！

I have some good connections with institutional investors in Continental Europe, if you're interested.

ご興味があるなら、欧州大陸の機関投資家をご紹介します。

人脈を持っているときの言い方です。日本語の「コネ」も connection から来ています。

✐column

英語で「人脈」は human connection ではなく network と言います。

> **There's a networking event this evening at XX – you should come, it'll help you build connections.**
> 今晩XXで交流会があるんだけど、行ってみたらどうですか？ 人脈作りに役立ちますよ。

build up a strong network of reliable connections は「いざとなったら頼りになる人脈網を築く」というニュアンスです。

shift

(画面を)ずらす

Example

Could you shift the camera to the right? Then we should be able to squeeze Benedict in, too.

画面を右方向にずらしていただけますか? そうすれば、ベネディクトも入るはずですね。

「(位置を)ずらす」は shift がピッタリです。
squeeze 〜 in は「(スペースのないところに)押し込む」。
予約のやりとりで「午後2時なら何とかなる」は、
I can squeeze you in at 2pm. となります。

💬 こんな言い方もできる

If you could move the camera a bit higher, we can probably see your face. カメラを少し上に動かすことができれば、おそらくあなたの顔が見えます。

move は「動かす」ですね。pan out (広げる、ずれる)を使った If you **pan out** to the left a bit, we'll be able to see the whole team. (あなたが左に少しずれると、チーム全員が見えるようになります)という言い方もあります。

Investors are shifting funds from stocks to bonds.
投資家は株から債券に資金を移しています。

shift from A to B で「Aから Bに移す」。物理的な場所の移動だけでなく、資金や経営方針などにも使えます。
名詞の shift を使った言い方も覚えておきましょう。

The decision is seen as a significant shift in strategy.
今回の決定は戦略上の大きな転換と見られています。

✏ column

画像の調整は、上下左右に加えて大小もありますね。
Zoom を使った表現を見ておきましょう。
小さすぎて見えないときには、

Could you zoom in a bit? We can't recognize who's who.
もう少しズームイン（画面を拡大）してもらえますか？
誰が誰だかわかりません。

ズームインは日本語にもなっていますね。
逆に、全体が入るようにするには、

If you zoom out a bit, we can see everyone.
少し画面を縮小していけば、全員が見えるようになります。

break up

音が途切れる

Example

I'm having trouble hearing you, because your voice is breaking up.

声が途切れているので、聞こえが悪いです。

オンラインで声が途切れていることを相手に知らせるフレーズです。音が断続的に途切れる場合に使われます。

逆に、自分の声が途切れていないかを確認するときには、

Am I breaking up?

と聞いてみましょう。

💬 こんな言い方もできる

I can see you speaking, but you're cutting out a bit. Shall we stick to audio only?

話しているのは見えるんですけど、声が途切れて聞こえますね。音声だけにしましょうか。

cut out も音声が途切れるときに使われます。

I can see the clip, but the audio is cutting out a bit.

ビデオ映像は見えますが、音は断続的にしか聞こえません。

The merger negotiation broke up in the end.

結局、合併交渉は物別れに終わりました。

break up の原意は「分裂する、分解する」。**The couple broke up.** といえば「カップルは別れた」。

ビジネスでも例文のように「決裂する、物別れに終わる」というときに使われます。

これとは別に「会社を分割する」という用法もあります。

The board decided to break up the conglomerate into more autonomous subsidiaries.

経営陣は、グループをより独立色の濃い子会社に分割することを決定しました。

✏️column

> オンライン会議では、音声が途切れたり、画面がフリーズしたり、といった様々なトラブルが発生しますが、まずは慌てないことですね。
>
> 大学の授業でメキシコ在住の方に講演をお願いしたところ、つながらない場合は翌週に延期してもらっていいか、という質問を事前に受けました。このような善後策を考えておくと安心ですね。
>
> 世界全体を見渡せば、回線や機器のトラブルは日常茶飯事と考えておいた方がよさそうです。

be well

元気な

Example

You must be busy with Project X, but I hope you're well. プロジェクトXでお忙しいと思いますけど、お元気ですか。

相手が元気でやっているかどうかを尋ねるフレーズです。回線がつながって相手の顔が見えたら、こうしたひと言で会話をスタートさせましょう。主語を things にして I hope things **are well with** you. ということもできます。

> 💬 こんな言い方もできる
>
> **The heat wave in Germany looks pretty intense, but I hope you're doing fine.**
> ドイツの熱波は激しいようですけど、お元気ですか。

元気だというもうひとつの言い方は be doing fine です。ちょっとユーモアを交えるなら、次のような答えも面白いかもしれません。

I'm fine! All is well except for the weather.
私は元気です。天気以外は全て順調ですよ。

The National history museum is well worth a visit.

国立歴史博物館は一見の価値ありです。

well の原意は「十分（充分）な、満足のいく」。well worth a visit は「充分訪問する価値のある」となります。

同様に、**The participation rate is well over 80 percent.** は「参加率は優に80％を超えている」。

be well connected なら「顔が広い、顔が利く」。

We often hire him for consultation - he is well connected within the automotive industry.

彼にはときどきコンサルとして入ってもらうんです。自動車業界に顔が利くので。

✏ column

相手が元気かどうか、仕事は順調かどうかを尋ねるのは、世界共通と言えるでしょう。

How are things with you?

How are you doing?

もし久しぶりなら、**It's been a long time.** とか **It's been a while./It's been quite a while.**（久しぶりですね）といった切り出し方もありますね（この **It's** は **It has** の略）。

look forward to

楽しみにしている

Example

I've been **looking forward to** finally speaking with you.

私はあなたとお話することをずっと楽しみにしていました。

初めてオンラインで顔を合わせる相手に向けて言うときのフレーズです。

look forward to の **to** は前置詞ですので、**to** の後は動詞ではなく名詞（句）が来ることに注意しましょう。

また、この **finally** によって「ようやく（話すことができた）」というニュアンスを表すことができます。

💬 こんな言い方もできる

I'm Saito – call me Kazu. **It's great** to finally be able to talk to you.

斉藤です。カズと呼んでください。ようやくお話することができてうれしいです。

こんな風にサラッと自己紹介できるといいですね。

be excited about ～を使うこともできます。

I've **been excited about** finally meeting with the whole team.

チーム全員に会えるのを待ちに待っていました。

> 💬 look forward to は、こんなふうにも使える！

We look forward to receiving your payment within the next three days.

3日以内のご入金をお待ちしています。

この **look forward to** ～は、相手から何かを期待している（**expect**）ときに使う丁寧な言い回しです。「いい加減支払って！」と言いたいところを柔らかく表現するわけです。メールでよく見かける **I look forward to** hearing from you soon.（お返事お待ちしています）という締めのひと言も、相手に早めの返事を促すお決まりフレーズです。

🖊 column

相手に迅速なアクションを促すときに **look forward to** を使うのは、なかなか面白いですね。

相手の立場も考えながら丁寧な言い方を心がけるとはいっても、遠慮して遠回しに言うとかえってわかりにくいことがあります。相手に対する配慮は必要ですが、遠慮は不要です。依頼事項は率直に表現するようにしましょう。

clockwise

時計回りの

Example

Clockwise from me, we have Mari, Alexander, and Emma.

時計回りに行くと、真梨、アレキサンダー、そしてエマです。

複数の人を紹介する順番に関する言い方です。
Allow us to introduce ourselves before we begin. （始める前にお互いを紹介し合いましょう）などと前置きしたうえで、このように言うといいですね。

💬 こんな言い方もできる

Let's start with a brief self-introduction. Shall we go **anticlockwise?**

簡単に自己紹介しましょう。反時計回りでやりましょうか。

接頭辞 **anti-** は「反対の」ですから、**anticlockwise** で「反時計回りの」となります。
アメリカでは **counterclockwise** と言うことが多いです。

You drive around a roundabout clockwise in the UK, but in a right-hand drive country, you go in anticlockwise.

イギリスではロータリーを時計回りに走りますが、右側通行の国では反時計回りに入ります。

ロータリーは英語の**rotary**から来ていますが、**traffic circle**という言い方もあります。

🖊column

ヨーロッパで車を運転するときは**roundabout**に入るときの方向と優先順位を頭に叩き込んでおかなければ危険です。

イギリスの**roundabout**では左に入り、中を走行している車が優先ですが、フランスは真逆。右に入り、しかも入る車が優先です。なかでもパリの凱旋門のロータリーは最難関(!?)。ロータリーの中に入ったと思ったら右側からグイグイ入ってくるので、車はどんどん内側に押し込まれていきます。そうすると今度は出るのが至難の業。ときに不慣れな車が立ち往生しているのを目にしますが、地元の人の車は減速せずに絶妙な走りを見せてくれます。

mute

ミュートにする

Example

Please allow me to **mute** everyone while I explain the slides.

スライドの説明をしている間は、皆さんをミュートにさせてください。

mute は「消音にする」。オンライン会議でお馴染みの単語となりましたね。

There's a howling sound from one of you. Perhaps you can **mute** your microphones. は「あなた方の一人がハウリングしていますね。マイクの音を消してもらえませんか?」となります。

💬 こんな言い方もできる

Could you please **mute yourself?** I hear some noise in the background.

ミュートにしてもらえますか? 後の方で雑音が聞こえます。

mute oneself は「自身をミュートにする」。ミュートを解除

する場合はunmuteを使って、

You can unmute yourself now. のように言います。ミュートのままで聞こえないことを相手に知らせるには、

You may be muted. / I think you've left your mute on. のように形容詞や名詞を使って表現できます。

💬 mute は、こんなふうにも使える！

The government is curiously muted on the pension issue.
政府は奇妙なことに年金問題について沈黙しています。

人間や組織について使われる場合は、「何も語らない、沈黙を保つ」となります。

こんな用法もあります。
I think it better to remain muted at this point.
今は沈黙を貫いた方がいいと思います。

🖊 column

mute はもともと「消音にする」という意味で、日常の世界でも使われます。

Can you mute your TV? I'm talking on the phone.
テレビの音を消してもらえる？　電話中なんで。

enable screen sharing

画面共有を可能にする

Example

I want to show you a couple of slides. Could you enable screen sharing?

お見せしたいスライドがいくつかあるんですが、画面共有ができるようにしてもらえますか?

enable は「可能にする」。コンピューターに使われる場合は、(デバイスやシステムを)「動作可能な状態にする」という意味で使われます。
反対に「画面共有を止める」は、**stop** screen sharing。

🗨 こんな言い方もできる

I've just chosen the screen sharing option, so please go ahead.

スクリーンシェアのオプションを選んだので、どうぞ。

これも「画面共有を可能にした」というのと内容的には同じですね。**activate**(起動する)を使って **activate the screen sharing** option …と言うこともできます。

Artificial Intelligence should enable us to reduce working hours.

人工知能は労働時間を減らすことを可能にするはずです。

enable（可能にする）の原意を使った用法です。

同様に、
I'm looking for a job which enables me to work abroad.
と言えば「海外で働ける仕事を探しています」となります。

🖊 column

screen sharing の機能はとても便利。対面のミーティングでは用意した資料を使うのが普通ですが、オンライン会議の場合、話の展開次第で、事前送付していない資料も見せながら説明することができるので助かります。

しかも、資料を事前にコピーして用意することもないので、時間とコストを削減することができます。まさに一石二鳥ですね。

switch on one's camera

画面をオンにする

Example

Could you switch on your camera? The screen is blank.

カメラをオンにしてもらえますか？　スクリーンが真っ黒です。

switch on（つける）、switch off（消す）ともに覚えやすいフレーズですね。

You can switch off the video while I explain using slides.

スライドを使って説明している間はビデオをオフにしてくださって結構です。

コンサートホールや劇場で耳にするアナウンスは、

Please switch off your mobile phone.

携帯の電源はオフにしてください。

💬 こんな言い方もできる

Could you turn on your camera to greet each other on the screen?

スクリーン上でお互い挨拶を交わすために、カメラをオンにしていただけますか？

turn on (つける)、**turn off**（消す）もセットで覚えておきましょう。**switch on/switch off** と同じように使えます。

I know it's Monday morning, but you guys need to switch on.
月曜の朝だけど、シャキッとしてやってください。

switch on（スイッチを入れる）は、日本語の「シャキッとする、しっかりする」というニュアンスに近いフレーズです。
「今日はなかなかスイッチが入らない」などと日本語でも言いますが、これは英語の **switch on** から来ています。

🖋 column

海外で仕事をしていて、どうしても **switch on** の状態にならないときがありました。それは年明けです。イギリスでの初仕事は1月2日ですが、どうしても正月モードから抜け出せないのです。
一方、イギリスで12月は"師走"の雰囲気とは程遠く、クリスマスを目前に控えて完全な **switch off** モード。「12月は仕事にならない」と言われるほどです。
お互いの文化を尊重する寛容さ（**generosity**）が必要ですね。

turn up the volume

音量を上げる

Example

I can't hear you clearly. Could you **turn up the volume** on your mic?

あなたの声がよく聞こえません。マイクの音量を上げてもらえませんか？

turn up は「音量を上げる」。turn the volume up の語順でも OK。turn up の反対は turn down です。

We should **turn down** the TV, because it's late.

テレビの音量は下げた方がいいですよ。もう遅いですから。

> 💬 こんな言い方もできる
>
> Your voice sounds muffled. Perhaps you can **stay closer to** the microphone.
>
> 音がこもって聞こえます。もっとマイクに近づいた方がいいかもしれません。

音量を上げても解決しないときは、マイクに近づくという原始的なやり方が一番（？）。muffled は「音がこもる」。
逆に、もっと離れた方がよければ、次のように言いましょう。

You should be further away from the microphone.
マイクからもっと離れた方がいいですね。

> 💬 turn up は、こんなふうにも使える！

The CEO didn't turn up to the party in the end.
CEO は結局、パーティには姿を見せませんでしたね。

この場合の **turn up** は「現れる、姿を現す」。パーティなど
に顔を出す、といった場面で使われます。
turn down の「却下される、否決される」という意味も覚
えておきましょう。

The application for a government subsidy was turned down. 政府の補助金の申請が却下されました。

🖉column

> ヨーロッパに駐在中は **networking**（人脈作り）のため
> に様々なパーティに顔を出しましたが、正直ちょっと
> つらいと感じる時期がありました。知人はいないし誰
> も話しかけて来ないときの "アウェイ感" は半端では
> ありません。
> この孤独感を払拭するために考えたのが、毎回新しい
> 雑談ネタを1つ仕込んで、同じ話をいろいろな人にし
> てみること。"英語道場" と割り切って楽しむ気持ち
> で臨むと、不思議と好循環が生まれてくるものです。
> 何事もポジティブ思考が大切ですね。

store in cloud

クラウドに保管する

Example

For security reasons, let's store our data in cloud.

データは、セキュリティ上、クラウドに上げておきましょう。

store は「保管する、貯蔵する」にピッタリの単語。倉庫やスペース、あるいは例文のようにデータとして（記録しておく場所に）しまっておくときに便利です。

💬 こんな言い方もできる

Shall we upload the files to Company A's server just in case?

念のため、A社のサーバーにファイルをアップロードしておきましょうか？

欧米では **cloud** と **server** どちらも使われます。

upload の **load** は「積む」ですから、**upload the file** はファイルを積んでデータとして上げておく、**download the file** はファイルをデータから下ろして出すニュアンスです。

These fruits need to be carefully stored at a certain temperature in a sealed container.
これらの果物は、密閉したコンテナに適温で慎重に保管する必要があります。

「現物を保管する」という本来の用法。
日常的にも、

We don't have enough space to store this old furniture.
この古い家具を保管するための十分なスペースがありません。
といった場面で使われます。

✏ column

データのクラウドは **cloud**（雲）ですが、オンライン上で行うクラウドファンディングのクラウドは？

答は **crowd**（群衆）です。
データの **cloud** は「雲」ですが、データがサーバー上に **upload** されるのが、雲の上に集まる感じなのかもしれません。
一方、**crowdfunding** は、オンライン上で小口の資金を不特定多数の人（**crowd**）から集めるイメージです。

off track

話がそれる・脱線する

Example

It seems we're a bit off track, so let's go back to the main agenda.

ちょっと話がそれてしまったようなので、本題に戻りましょう。

off track は「レールから外れる」ですから「脱線する」、この場合は「話が脱線する・それる」という意味です。「本来は…」と言いたいときは、

We're getting off track here. We're supposed to discuss the next step.

話が脱線しつつありますね。次の段階について議論するはずだったのですが。

と言うことができます。

💬 こんな言い方もできる

I think we're digressing a bit here.

ちょっと話が脱線してしまいましたね。

話がそれるという局面で digress（横道にそれる）も知って

おくと便利です。

I may digress a little bit, but I heard a similar story.
少し話がそれますが、似たような話を先日聞きましたよ。

> 💬 off track は、こんなふうにも使える！

We wanted to launch a new product by July, but we were thrown off track with some technical issues.
7月までに新製品を発売したかったのですが、技術的な問題で遅れてしまいました。

この場合、道を踏み外す⇒遅れる、ということですね。トラブルなどで予定通り行かないときに使ってみましょう。

✒ column

オンライン会議は効率重視ですから、本題からそれるのは何となく憚られる雰囲気があります。

上記の **I may digress a little bit,⋯** のように、脱線を自覚していることを予め知らせると、他の参加者も、「少しぐらいは仕方ないかな」と感じるかもしれません。

話をそらすことが自分の伝えたいことにプラスに働くなら、遠慮せずにやってみてもいいと思います。

assign

割り当てる

Example

Is everyone happy with the roles they are **assigned** to?

皆さん、役割分担はこれでいいですか?

assignは「割り当てる」「分配する」。例文のように、仕事に関しては、割り当てられた人が主語になって受け身の形で使うことが多いです。

I've **been assigned to** work on a mega deal in Brazil.

ブラジルの超大型プロジェクトを担当することになりました。

割り当てられる⇒担当する、となります。

💬 こんな言い方もできる

Now, let me **allocate** the tasks to each of you.

では、皆さんにそれぞれのタスクを割り当てていきますね。

allocateは、特定のものに資金や人材などのリソースを割り当てる、という意味ですが、ミーティングで割り当てを

決めるときによく使われる単語です。

> 💬 assign は、こんなふうにも使える！

I've got a new assignment to work at our Mumbai office.
ムンバイの事務所に異動になりました。

assignment は assign の名詞形で「任務・責務・課題」という意味で使われます。

This is a tough assignment, but I'm sure you can handle it.
これは大変な課題ですが、あなたならきっとできるはずです。

✐column

仕事を割り当てるときに大切なのは、全体としてフェアな（**fair**）割り振りであること。相手から **Fair enough.**（フェアですね）というひと言が返ってくれば、ひと安心。タスクがその人の **Job Description**（職務規定書）の範囲内であることも大切です。
That's beyond my job description.（職務規定書の範囲を超えている）と言われたら、
Please understand!（どうかわかってください）ではなく、その理由をしっかり説明しましょう。

keep communications open

連絡を取り合う

Example

Let's keep communications open in case of sudden changes.

状況が急に変わった場合は、連絡を取り合いましょう。

文字通り、コミュニケーションをオープンにしておく、ということですね。

類似表現として keep the lines of communication open、keep an open line of communication などがあります。

💬 こんな言い方もできる

Let's convene online again should the situation change.

状況が変われば、またオンラインで集まりましょう。

convene は（委員などが会議に）集まる、（会議などを）開く。「連絡を取り合う」を一歩進めた形ですね。

We need to convene a shareholders' meeting for an approval.

株主総会を開催して承認を得る必要があります。

I always try to keep communications open with my staff.

私は常に、社員とのオープンなコミュニケーションを心がけています。

ここでは、普段からの心がけについて述べています。

keep an open dialogue with ～ と言い換えることもできます。

なお、have を使った言い方もあります。

Relations between the nations are at an all-time low, but they still have their lines of communications open.

両国関係は史上最低ですが、まだコミュニケーションの手段は確保されています。

🖊 column

オープンなコミュニケーションには、情報共有が円滑で、意見を言いやすい職場環境が必要ですね。その前提として、社内(部内)の日本語と英語の情報に偏りが出ないことが必要です。

英語の社内公用語化に反対する言い分もわからなくはありませんが、優秀な外国人の人材を本気で集めようとするなら、英語の社内(部内)公用語化は避けて通れない道のような気がします。

on one's side

~の側（方）では

Example

I understand it's pretty late on your side of the Pacific – so I'll keep this brief.

太平洋のそちら側では、かなり遅い時間だと思いますので、短時間で終わらせますね。

相手方についてコメントしたり、相手方に対して、そちらの方では、そちらの側では、と尋ねたりするフレーズです。

自分たちの方は **on our side**。

On our side, as you can see, there are three of us.
こちらは、ご覧のように、３人おります。
のように出席者を伝えることができます。

💬 こんな言い方もできる

Which team on your end is going to be in charge?
そちら側では、どのチームが担当になるのですか？

on one's end も **on one's side** と同様のフレーズです。

How are things on your end?
そちらの方は、いかがですか？
と相手の様子を尋ねることもできます。

> 💬 on one's side は、こんなふうにも使える！

Don't worry. I'm always on your side.
心配しないで。私はいつもあなたの味方だから。

on one's side には「〜の味方の」という意味があります。

I thought you were on my side.
あなたは私の味方だと思っていました。
と言えば、味方だと思っていたのにがっかりしたという気持ちを表すことができます。

✎column

英語には **on your side of the Pacific**（太平洋の反対側で）に似た言い方がいくつかあります。

例えば、アメリカの西海岸から東海岸に遅い・早い時間帯にコンタクトするなら、
It's pretty late/early on the East Coast.
などと言うことができます。

イギリスとアメリカ東海岸でなら、

How are things across the pond?

と、尋ねることができます。大西洋を **pond**（池）に例えているわけですね。

on the other side of the Atlantic（大西洋の反対側で）も、よく耳にします。

Web会議開始前の
icebreaker

　オンライン会議の硬い雰囲気をほぐす第一歩は、開始前に参加者がオンラインに入ってくるときから開始時までのちょっとした時間帯に、軽い雑談をすることから始まります。

　皆がカメラをオフ、音声をミュートにして開始時間をただ待っているのは実にもったいないですね。

　もし皆さんが会議のファシリテーター（進行役）だったとしたら、この貴重な雑談タイムをどう有効利用しますか？

　この章にも出てきた How are things on your end? (P046) と言って相手の様子を尋ねてみてはどうでしょう。

　出席者に水を向ける質問もいいですね。例えば、

Anything interesting happening in Singapore?
Anyone watched any interesting movies?
Are you up to anything this weekend?

　といった感じです。いずれも、身近な話題で緊張をほぐすことができます。

　相手の状況を察しながらひと言コメントしてもいいですね。

　ロックダウンのときなどは、

I know lockdown is harsh Stateside, but I hope you're doing fine.

アメリカではロックダウンが厳しいと思いますが、お元気ですか？

　と言って相手を気遣うよう意識していました。

　　　（※Statesideは、外国からみたアメリカを指す言葉）

　状況にもよりますが、ときにはちょっとしたユーモアを混ぜてみるのもいいかもしれません。

Who's wearing pajama pants right now?
いまパジャマのズボンを履いているのは誰ですか？

Alright, everyone, stand up! Anyone still wearing pajamas can take the minutes.
さて、皆さん、立ってくださ〜い。まだパジャマを着ている人に議事録を書いてもらいますね。

Ok, everyone, turn your backgrounds off! I bet half of you are in places you shouldn't be.
さて、皆さん、背景をオフにしてください。半数以上の人はいるべきではない場所にいますよね？

　ユーモアは無理に盛り込む必要はありません。要は、雰囲気を和らげる努力をするということです。面白いストーリーを語って相手を笑わせようなどと肩ひじ張らずに、笑いの共通項に的を絞ってみてはいかがでしょうか。

Chapter 2

初対面で良い印象を与える単語

何事も第一印象は重要です。初対面の
相手に、自分の仕事の内容、やり甲斐、
最近の状況などについて、どのように
語ったら相手の印象に残るのか、一緒に
考えていきましょう。

work

仕事をする

Example

I work as a pharmacist in a hospital in Tokyo.
東京のある病院で薬剤師として働いています。

自分の職業について述べるフレーズです。職種＋前置詞
（**at/in/for**など）＋会社名の順となります。
また、相手の職業については、**What do you do (exactly)?**
と尋ねることができます。
語尾の**exactly**（正確に）は、何となくあった方が文章の座
りがいいという程度のことで、別に正確な答えを求めてい
るわけではありません。

💬 こんな言い方もできる

I'm an in-house tax accountant at ABC Corporation.
私はABC社の社内税理士です。 　　　*in-house 社内の

自分の職業について述べるときには、**I am a/an ～**と言う
こともできます。使い方は**I work as a/an ～**と同じと考え
ていいでしょう。
ちなみに、社内・社外を区別する場合、通常**internal/**

external を使います。例えば、社内の会議なら **internal meeting**、先方が社外なら **external meeting**。

ただし、社内に常駐している専門家は **in-house lawyer**（社内弁護士）のように **in-house** を使います。

> 💬 **work** は、こんなふうにも使える！

This Thursday works for me.
今週木曜日は大丈夫です。

work には、「働く」の他に **work for ～**「～がうまくいく、都合がよい」という意味があります。ミーティングの日程の調整に関するやりとりで、

When does it work for you?
いつがよろしいですか？

と聞かれたときには、例文のように答えることができます。

🖊 column

初対面の人と挨拶する場合、日本では会社名・苗字の順に名乗りますが、外国では職種＋会社名の順です。

I work as a sales manager at ABC Corporation.
私は ABC 社の営業マネージャーです。

職種が大切で会社名は二の次という感覚なので、職種しか言わない場合もよくあります。

in charge

担当している

Example

I'm **in charge of** public relations for our group companies.

私はグループ会社の広報を担当しています。

自分の担当業務について述べるときのフレーズです。
in charge of の後には、仕事の内容や顧客の属性（**Asian client** アジアの顧客）などが来ます。後に部署名が来ると責任者であることを示します。

I'm in charge of the export department.
私は輸出課の責任者です。

💬 こんな言い方もできる

I'm responsible for projects in India.
私はインドのプロジェクトを担当しています。

be responsible for ～も、担当について述べるフレーズです。
I'm **responsible for** the compliance department.
コンプライアンス部の責任者です。
のように、**for** の後に部署名が来ると、**in charge of** ～の

ときと同様に責任者であることを示します。逆に相手に聞くときは、**responsibility**（責任）を使って、
What are your responsibilities? と言えばOKです。

😀 charge は、こんなふうにも使える！

We don't charge for delivery of purchases over 10,000 yen.
10,000円を超えるお買い物は無料で配達致します。

---

charge（動詞）には「（代価・料金としてある金額を）請求する」という意味があります。 **We'll charge you 1000 yen per hour.** なら「1時間1000円です」。
名詞形の **charge** も「料金・手数料」として使われます（**telephone call charges** 電話料金）。

✏ column

主として欧米の組織では、個々の従業員の職務内容に関する責任や権限は **job description**（職務記述書）によって明確に規定されています。記載以外の仕事が加わるときには書類を修正し、責任者と本人が書類にサインします。

このような背景があるので、彼らは仕事の守備範囲について明確な認識を持っています。日本の組織では曖昧な部分もあるかもしれませんが、自分の職務はひと言で言えるようにしておきましょう。

based

拠点とする

Example

I travel around the world, but I'm based in Paris.

世界を渡り歩いていますが、パリを拠点にしています。

個人や会社の活動拠点・所在地について述べるフレーズです。会社の所在地であれば、次のようになります。

My company's headquarter is based in Singapore.
会社の本社はシンガポールです。

💬 こんな言い方もできる

My office is located in the heart of the New York City center.
私のオフィスはニューヨーク市街のど真ん中にあります。

会社の事務所や工場などの所在地を述べるときに使われるフレーズです。locate を「(ある場所に) 設立する」という意味の動詞として使うこともできます。

We're going to locate our Middle East office in Dubai.
中東の拠点をドバイに設立する予定です。

移転なら **locate** の代わりに **relocate** にすればOKです。

> 💬 base は、こんなふうにも使える！
>
> **Our conclusions are based on extensive research.**
> われわれの結論は、広範囲にわたる調査に基づくものです。

be based on ～は「～に基づく」という意味の決まり文句です。「（事実や意見を）～の基にする」という動詞 **base** を使って、例文を、

We base our conclusions on extensive research.
と言い換えることもできます。

🖉column

交通手段の発達や情報革命の進展もあり、個人の居住地と会社の所在地が大きく異なることは珍しくありません。とはいっても、住所はシンガポール、電話番号は日本、肩書は中国支社長などという名刺をもらったときは一瞬戸惑います。

そんなときには迷わず、

Where are you based?
拠点はどこですか？

と聞いてみましょう。

involved

関わっている

Example

I'm involved in infrastructure projects in Myanmar.

ミャンマーのインフラ関連プロジェクトに関わっています。

involve は「含む」という意味の動詞です。

My job **involves** managing 20 administrative staff.
私の仕事は20人の事務職員の管理を含みます。
be involved in ～という形で「関わりがある、関係する」というフレーズになります。

📬 こんな言い方もできる

I've been working on developing a new drug.
新薬の開発に取り組んでいます。

work on ～は「～に取り組む」「～に従事する」という意味のフレーズ。プロジェクトや新商品開発に関わっているときに使われます。

新しい取引を成約させようと頑張っているときには、
I'm **working on** a new deal right now.
がピッタリです。

> 💬 involve は、こんなふうにも使える！

This assignment involves a lot of patience and skill.
この仕事には忍耐とスキルが必要とされます。

involve の原意は「含む」ですが、使用範囲は広いです。例文は、「(仕事は) ～を含む」→「(仕事には) ～が必要とされる」。

また、次のような文章はどうでしょう。
This decision involves major changes in our strategy.
この決定は、わが社の戦略に大きな変化をもたらすことになります。
「(必然的結果として) もたらす、伴う」という用法です。

column

> 立食パーティやセミナー会場の **networking** (人脈作り) は、自分が関わっている仕事の話抜きには語れません。これまで手がけてきた仕事について、相手が興味を持ちそうなネタを探しておきましょう。
> 具体的なストーリーを披露すると、相手との距離もグッと縮まるでしょう。

fulfilling

やりがいのある、充実感のある

Example

I sometimes feel frustrated, but it's **fulfilling**.

ときどきフラストレーションを感じますが、充実感が
あります。

*(米)fulfilling (英)fulfiling

やり甲斐があることを伝えるときのフレーズです。**fulfill**
は「達成する、実現する」という意味の動詞（**fulfill one's
dream** 夢を実現する）。**fulfilling** はその形容詞で、「自分
の素質を十分に発揮する、自己を実現する」という意味が
あり、「やりがいのある、満たされた、充実した」といっ
たときにピッタリの言葉です。

> ### 💬 こんな言い方もできる
>
> It's a **rewarding** moment when you receive positive
> feedback from customers.
> 顧客からポジティブなフィードバックをもらうのは、
> 報われたと思う瞬間ですね。

rewarding は reward「（労働・奉仕などに対する）報酬、
報い」の形容詞で、例文では「やりがいのある、（〜する）

価値がある」という意味で使われています。

fulfilling and rewarding には、やりがいだけでなく、報酬面もいいという意味が含まれていることがあります。

> #### 💬 fulfill は、こんなふうにも使える！
>
> **I'd like to ask each party to fulfill its obligations.**
>
> **それぞれの関係者が義務を履行するようお願いします。**
>
> *(米)fulfill (英)fulfil　*party 関係者

fulfill には「約束・義務を果たす」という意味があります（**fulfill one's promises** 約束を果たす）。「義務」というときは **duty** や **obligation** が使われます。

contractual obligations といえば「契約上の義務」という意味です。

🖉 column

「お仕事はいかがですか」

「やあ、相変わらず忙しいですねえ」

……ごく自然なやりとりですね。

もちろん外国人にも **I've been busy.** などと言っても構わないのですが、**busy with a project in Korea** のように具体的な理由を添えると、相手も話を続けやすいですね。

そのうえで **It's been exciting.**（面白いですよ）などとポジティブなトーンで結ぶことを心がけましょう。

exciting

好調な

Example

It's been another **exciting** year.
今年も好調な1年でした。

仕事がうまくいっていることを伝えるフレーズです。
exciting は「(気持ちが) ワクワクする」というニュアンスです。例えば、社員に対して嬉しいニュースを伝えるときには、

We have an exciting announcement to make.
と前置きして、皆の注目を惹きつけることができます。

💬 こんな言い方もできる

It's a thrilling time for our digital products.
わが社のデジタル関連商品にとって期待が高まるときです。

---

exciting のワクワク感に、ドキドキ、ハラハラが加わって「心が躍る」感じが **thrilling** です。不安がないとは言えないが期待の方が大きいときに使われるといっていいでしょう。
be thrilled to 〜の形で、人を主語にすることができます。

I'm thrilled to learn about the decision.
その決定を知ってとても嬉しいです。

💬 exciting は、こんなふうにも使える！

We're so excited about doing business with you.
貴社とお取引させていただくことを大変嬉しく思います。

be thrilled to ～同様、be excited about ～（人を主語）で
ワクワク感を表すことができます。新しい顧客に対して使
えるひと言ですね。逆に、ワクワク感を制するときは次の
ように言うことができます。

Don't get too excited. We're just through the first round
of bidding.
喜びすぎてはいけません。まだ入札の第一選考を通過した
だけですよ。

✎column

exciting とか thrilling という単語は、日本語に訳して
しまうと随分大げさな感じがして、使うのをためらっ
てしまう…確かに気恥ずかしい言葉かもしれませんね。
しかし、われわれが多少オーバーと感じる程度がちょ
うどいいこともあります。普段の会話で連発せずに、
ポジティブなスパイスを利かせたいときに臆せず使っ
てみましょう。

challenging

厳しい

Example

It's been pretty **challenging**.
なかなか厳しい状況ですね。

仕事はなかなか厳しいとコメントするときのフレーズです。
challenging は「難しい、困難な」。高い壁が立ちはだかって実力が試されるニュアンスで、**a challenging** problem
は「難題」となります。ポジティブに！とは言われても、
We've been doing great. という状況ではないときの選
択肢のひとつとして覚えておくと便利です。

> 💬 こんな言い方もできる
>
> ## We're having **tough** times.
> 困難な時期に直面しています。

「困難な、難しい」という意味で使われる **tough** の用法です。

Investing in emerging countries can be tough.
新興諸国に投資することは難しいこともあります。
ちなみに、日本語の「タフ」は「（体や精神が）頑丈な」とい

う意味で、英語の **tough guy**（体や精神が強い人）の **tough**から来るものです。

Teaching skills to local staff is challenging and rewarding.
現地の従業員に技術を教えるのは、大変ながらやりがいがあります。

仕事のやりがいを表現するときに用いる**challenging**は「大変だが挑戦のしがいがある」という意味。興味・喜び・楽しみを感じながら困難に向かっていくニュアンスです。

It's always been challenging and never been boring.
いつも大変ながらもやりがいがあって、退屈したことはないですよ。

⟋column

How's business? という質問に対し、右肩上がりの場合は、**Pretty good.** とか **Better than last year.** などと言えばOKです。問題は下り坂のとき。**Pretty bad.** とか **Worse than last year.** とコメントすると、相手も困ってしまいます。
そんなときは、「厳しい」＋「でもよくなる」、という2段構えのコメントで会話を弾ませましょう。

account for

(割合を)占める

Example

Asia **accounts for** about two-thirds of our total export.

アジア向けが全輸出の約３分の２を占めています。

地域別、商品別などのシェア（割合）を示すときのフレーズです。大まかな割合を示すことによって話し相手に全体像のイメージを持ってもらうことができます。

分数は、分子は整数（**one, two, three**）、分母は序数（**third, forth**…）、4分の１は**quarter**、2分の１は**half**で表します。

about a half of our products　製品の約半分

💬 こんな言い方もできる

Compact cars make up 75 percent of our exports to the US.　アメリカ向け輸出の75％が小型車となっています。

*(米)percent (英)per cent

この場合の**make up**は「〜を占める」で、**account for**同様、割合を示します。もし小数点以下も含む正確な数字を言う場合は、小数点以下はそのまま棒読みします。

75.3%：seventy-five point three percent

75.38%：seventy-five point three eight percent

💬 account for は、こんなふうにも使える！

The recent consumption tax hike may account for decline in sales.　　*consumption tax 消費税、hike 上昇

消費増税が売り上げ減の原因かもしれません。

account for ～は「～の原因である」というときに使われます。account には「説明する」という意味があり、**A account for B** は、「A は B によって説明される」→「A が B の原因である」となります。

Stress at work may account for his illness.

職場のストレスが、彼の病気の原因かもしれません。

🖊column

> プレゼンテーション資料では、ビジュアルに見せるために、文章よりもグラフ（**graphs**）や表（**charts**）が好まれます。グラフといえば、棒グラフ（**bar graphs**）と円グラフ（**pie charts**）。なかでも好まれるのが円グラフです。丸いところからパイ（**pie**）の名がついていますが、発想が面白いですね。収入を分け合うときにも、
>
> 　　**They want a bigger share of the pie.**
> 　　彼らはより多くの分け前を欲しがっています。
>
> といったコメントを耳にします。

well received

好評である

Example

Our latest product is well received in the market.

われわれの新製品は市場で好評です。

世間や顧客などの評判がよいときに使うフレーズです。
well received は「よく受け止められている」ことから、「好評である、評判がよい」となります。
逆に評判がよくない場合は、次のようになります。
Our first product was not well received.
最初の商品は不評でした。

💬 こんな言い方もできる

The service gained popularity among the elderly.
このサービスは熟年層の間で好評を博しました。

gain popularity または gain in popularity は「好評を博する」という意味のフレーズです。gain popularity の代わりに、もっと簡単に become popular（人気を博す）と言うこともできますが、よく使われるので覚えておきましょう。

gain の反対は **lose** ですから、**lose popularity** で「人気を失う」となります。

Some SNS sites lost **popularity**.
SNSのウェブサイトの中には人気を失ったものもあります。

*SNS: social networking service

💬 reception は、こんなふうにも使える！

The merger met with a mixed reception.
合併は、賛否両論をもって迎えられました。

「（世間の）受け、反応」という意味に使われる **reception** の用法です。**enthusiastic reception** なら「熱烈な歓迎」、**warm reception** は「温かい歓迎」、**cold reception** は「冷たい反応」。**mixed reception** は文字通り、**warm** と **cold** が混ざった、歓迎している人とそうでない人が入り混じっている状態を指します。

🖊column

reception と聞いて何をまず思い浮かべるでしょうか。ホテルの受付、あるいは結婚式（**wedding reception**）などのパーティや会合、それとも、今回出ていた「歓迎」「受け、反応」ですか？　いろいろな訳があって混乱しますが、「人を受け入れること」というもともとの語感を知っておくと「受け、反応」といった意味も違和感なく入ってくるのではないかと思います。

momentum

勢い、弾み

Example

Our business is **gaining momentum**.
ビジネスには弾みがついてきました。

ビジネスに弾みがつくと言うときのフレーズです。
業績について、**exciting** とか **challenging** よりも一歩踏み込むときに使われます。**gain momentum** または **gather momentum** の形で「弾みがつく、勢いが加わる」という意味になります。
The performance of the merged company has **gathered momentum**.　統合した会社の業績に弾みがついてきました。

💬 こんな言い方もできる

The investment is expected to **gain steam**.
投資は勢いを増すと見込まれます。

gain momentum と同様に「弾みがつく、勢いが増す」という意味で使われるフレーズです。**steam** は「蒸気」。蒸気が増えていくと速度が上がるところから来ています。
momentum と同じく、**gather steam** とも言います。

The advertising campaign is gathering steam.
広告キャンペーンには弾みがついています。

> 💬 momentum は、こんなふうにも使える！

There is an increasing momentum towards economic union.
経済共同体に向かう勢いが加速しています。

momentumはそれ自体でポジティブなニュアンスを持っています。increasing momentumは、勢いが加速していく状態を表します。keep the momentum は「勢い・流れを維持する」です。

I think we should maintain the momentum of restructuring.
事業構造を再構築する流れは保つべきだと思います。

*restructuring: 不採算事業の縮小・整理と同時に成長・高収益事業に経営資源を集中すること（人員削減のみではない）。

column

ビジネスには浮き沈みがありますから、**gain/lose** は業績を表す必須の単語です。**gain business** は「取引を獲得する」、**lose business** は「取引を失う」。そう考えれば、**gain momentum** の反対は **lose momentum**（これまでの勢いを失う）という連想が働きますね。**gain steam** の反対も **lose steam** です。このように対になっているものについては、セットで覚えておくと表現力が倍増します。

slow down

減速する

Example

The business is expected to **slow down** in the second half of this year.

ビジネスは今年後半に減速すると見込まれています。

業績や景気が減速するときのフレーズです。
slow down は文字通り「スピードが落ちる」、結果として下向きになること。**The business is growing.**（ビジネスは成長している）とは言えない状態ですね。

the second half はサッカーの後半と同じで、その年（**calendar year**）や決算期（**fiscal year, financial year**）の後半。前半は **the first half** です。

💬 こんな言い方もできる

Revenue has **deteriorated dramatically.**
売り上げは大幅に減少しました。

「よくなる」「悪化する」は、それぞれ become better、become worseと言ってしまえば簡単ですが、この deteriorate も「悪

化する」の意味でよく出てくるので覚えておきましょう。

The relationship with our long-standing customer has deteriorated recently.

長年の取引先である顧客との関係が最近悪化しました。

💬 slow down は、こんなふうにも使える！

A further slowdown in the Chinese economy would affect our overseas operations.

中国経済のさらなる減速は、わが社の海外事業に影響を与えるでしょう。

---

slowdown（減速）という名詞としての用法です。

生産、投資、売り上げなどの企業活動のスピードが落ちるなどについて、**slowdown in production/investment/sales**（生産・投資・売り上げの減速）のように使われます。

🖋column

業績を示す項目はいろいろとあります。

売り上げから経費（**expenses**）を引いたものが利益ですね。

売り上げ：**revenue** または **sales**

利益：**profit** または **earnings**

混同すると話がかみ合わなくなります。この4つの基本単語だけはしっかり覚えておきましょう。

turn the corner

上向きに転じる

Example

We finally turned the corner five years after the Lehman shock.

リーマンショックから5年経って、業績はようやく上向きに転じました。

厳しい時期を経てようやく業績が上向きになるときに使われるフレーズです。

turn the cornerは直訳すると「角を曲がる」ですが、曲がった先には違う景色が見えてきたということですね。

業績の回復は**recover**（回復する）、**recovery**（回復）ひと言で表現できますが、ネイティブ以外でもよく使われるイディオムは覚えておくといいでしょう。

💬 こんな言い方もできる

Our group performance started to pick up.

グループの業績は上向き始めました。

pick up（拾う、選ぶ）には、（健康や元気を）回復する、（速度を）増す、という意味があります。

これが業績に使われると「改善する（improve）」となります。
pick upには、悪い状態から回復する・上向きになるというニュアンスがあります。

> 💬 turn the corner は、こんなふうにも使える！

We can say the project has turned the corner.
プロジェクトは重要な局面を切り抜けたと言えるでしょう。

---

turn the cornerは「峠を越える」「重要な局面を乗り越える」という意味で使われます。
The patient turned the corner. は、患者の病状が峠を越えて回復しつつあるという意味です。
ビジネスで使われたときにも、この語感をイメージすれば理解しやすいと思います。

🖉 column

ミーティングで誰かが**pie in the sky**というイディオムを使ったが、意味がよくわからない。
さて、皆さんはどうしますか。

そんなときは、堂々と、**pie in the sky?** と語尾を上げて聞き返せばいいのです。
全部聞き取れなくても、次のように言っても、構いま

せん。

pie しか聞き取れなければ、**pie what?**
sky が聞き取れなければ、**pie in the...?**

こうしたイディオムはわかりにくいということを、相手に気づかせることも必要なのです。

ビジネスの世界では、あくまで英語は道具。イディオムはよく使われるものに絞って覚えれば十分だと思います。

> *pie in the sky:「絵に描いた餅」
> （空にあるパイは食べることができない）

変わりつつある
「ネイティブの心構え」

　Plain English（わかりやすい英語）が世界標準で、ネイティブスピーカーも努力する時代と言うけど、本当なのか──特にアメリカでネイティブスピーカーに囲まれて仕事をされている方などは、疑問を持たれるかもしれませんね。

　しかし、世界レベルでみると、英語に対するとらえ方は着実に変化しています。

　'Communication for International Business'（Bob Dignen著、Collins）には、ネイティブスピーカーに対する指針として、次のような項目が挙げられています。

- **Slow down and stay slowed down**
  ゆっくり話し続けよ

- **Speak more simply**
  もっと簡単に話せ

- **Check understanding**
  （相手の）理解度をチェックせよ

- **Speak less**
  話しすぎるな

- Avoid humour
  ユーモアは避けよ

- Take turns
  相手に振れ

- Avoid sudden change of subject
  急に話題を変えるな

- Native-to-native: be careful!
  ネイティブ同士は気をつけろ！
  （ネイティブ同士で話したら、他の人に対して要約すること）

このように個別事項を述べたうえで、こう結論づけています。

「もしノンネイティブの誰かが理解できなかったら、それは彼らの問題ではなく、ネイティブとしてのあなたの問題である」

実際にこう思ってくれるネイティブはまだ少数派かもしれませんし、われわれもそれに甘えてはいけませんね。

しかし、**堂々と自分の英語を話し、わからないことは聞き直して構わない時代である**ことは、充分意識していいのではないでしょうか。

Chapter 3

雑談が盛り上がる単語

セミナーやパーティの席で、「また会って
もっと話を聞いてみたい！」と相手に思わ
せるコツは何でしょうか。キーワードや
話題について見ていきましょう。

go for

出かける、行く

Example

Would you be free to **go for** lunch?
一緒にお昼でもいかがですか？

仕事仲間に対して食事に誘うときのフレーズです。もし仕
事の後にちょっと一杯というときは、
Would you like to go for a drink?
軽く一杯いかがですか？
と言います。**Would you…?** は丁寧な言い方です。親しい
仲間に対しては、軽い感じで次のように誘うといいでしょう。
Are you free to go for lunch?
How about going for a beer?

> 💬 こんな言い方もできる
>
> **Would you like to join us for dinner?**
> **ご一緒に夕食はいかがですか？**

会社の同僚や知人・友人を食事に誘うときのフレーズです。
join は「〜に加わる・参加する」。食事だけでなく、会合や
イベントなどに誘うときにも使えます。親しい間柄なら、

次のように言えばいいですね。

Will you join us for a reunion?

同窓会に行かない？

💬 go forは、こんなふうにも使える！

You can go for meat or fish.

肉か魚を選ぶことができます。

「〜を選ぶ（choose）」と言うときの **go for** の用法です。選択肢がある中からあるものに決めるときに使われます。
ミーティングで、選択肢の中から選ぶ場合には、次のように言うことができます。

I go for the second option, considering cost-effectiveness.

費用対効果を考えて、2番目の選択肢でいきます。

🖋 column

大勢の人が集まる着席の会食では、座席が決まっていないことがよくあります。顔見知りの人がいないテーブルに近づくとき、ちょっとした緊張が走ります。
まずは隣の人に、

Do you mind if I join you?

ご一緒してよろしいでしょうか？

と、ひと言断るのが礼儀です。
相手がOKしたら、名乗って握手をしてから着席しましょう。

fascinating

魅力的な

Example

That's a really **fascinating** story.
本当に魅力的な話ですね。

相手の話に引き込まれたときに発するひと言です。
fascinating は、感動したり興味を惹かれたりしたとき、「魅力的な」「素晴らしい」「すごく面白い」「大変美しい」などの意味で使われます。人についても使うことができます。

I find her quite **fascinating**.
彼女はとても魅力的だと思います。

💬 こんな言い方もできる

Your motivation is really incredible.
あなたの意欲は本当に素晴らしいですね。

incredible も「信じられない、見事な、驚くべき」などと訳されますが、特に驚いたときにピッタリの形容詞です。
fascinating よりもくだけた口語表現ですが、仕事で使っても問題ありません。

It's **incredible** that you've overcome such a difficult situation.
そんなに難しい状況を乗り越えてきたとは信じ難いです。

💬 fascinating (fascinate) は、こんなふうにも使える！

I was absolutely **fascinated by** the musical.
ミュージカルには完全に魅了されました。

fascinating の動詞形 **fascinate** は、人や物を主語にして、驚きや感動を表すことができます。人が主語の場合は「〜に（よって）魅了される」となります。物が主語の場合は、
The musical absolutely fascinated me.
のように、**物（〜が）＋ fascinate ＋人（〜を）** となります。

🖊 column

相手の話に相槌を打ち、気の利いた言葉を挟むのはなかなか難しいものです。「なるほど、そうですか」という場合の、
Really?
の抑揚は、語尾を下げましょう。語尾を上げると発言を疑っているように聞こえてしまい、
Yes, it's true.
ええ、本当ですよ。
などという答が返ってくることも。
相槌のつもりで首を縦に振りすぎないことも大事です。

common

共通の

Example

I think we **have something in common**.

私たちには共通点があると思います。

「共通点がある」と言うときのお決まりのフレーズです。
common は「共通の」という形容詞で、**common interests**
（共通の利害）、**common goal**（共通の目標）、**common
sense**（共通の感覚→常識）、のように使われます。

💬 こんな言い方もできる

It looks like we share a lot of interests.

どうやら共通の関心事がありそうですね。

share には「（感情・趣味・経験などを）共有する・共感する」
という意味があります。

I share your view on this point.

この点については同意見です。

It's **common** for a returnee to experience a reverse culture shock.

帰国者が逆カルチャーショックを経験するのは、よくあることです。　　　　　*returnee 帰国者　*reverse 逆の

common は「共通の」という意味から転じて「よくある・起こる、広く行われている」という意味に使われます（**common misunderstanding**　よくある誤解）。

It's common in Japan.　といえば、日本ではよくある、一般的に行われている、という意味です。

🖊column

われわれは、外国、特に西洋との比較では、日本の特殊性に焦点を当てがちです。しかし、日本独特と言われる会社に対する忠誠心、根回しといった考え方や商慣習も、全く異質なものとは言い切れません。

彼らにも愛社精神はありますが、それ以前にプロフェッショナルとしての仕事の中身に拘り（こだわり）があります。その意味でプロとしての仕事に忠実なのかもしれませんね。

根回しについても、関連部署にまでいちいち事前相談はしませんが、自分のレポートライン上の上司には **pre-consulting**（事前の相談）をしっかりしたうえで会議に臨みます。違いは意識しながらも、むしろこうした相手（国）との共通点を探っていくことが、相互理解につながることもあるのではないでしょうか。

equivalent of〜

〜に相当する

Example

Obon is the Japanese equivalent of Halloween.

お盆はハロウィーンの日本版です。

何かに例えてイメージを持ってもらうときのフレーズです。ここで使われた **equivalent** は「（価値・数量などが）同価値のもの、同量のもの」を意味する名詞。ハロウィーンに相当する日本のもの→ハロウィーンの日本版、となります。このように、**equivalent of** 〜は、何かに例えるときに便利な言い回しです。

> 💬 こんな言い方もできる

Okonomiyaki is the Japanese version of pizza.

お好み焼きは、ピザの日本版です。

日本のものを海外のものに例える言い方です。簡単で非常に便利なフレーズです。

イタリアの中華料理店では餃子が **Ravioli**（ラビオリ）と表示されていることがありますが、イメージしやすくするた

めの工夫と言えるでしょう。

> 💬 equivalentは、こんなふうにも使える!

1 mile is roughly equivalent to 1.5 kilometers.
1マイルは、おおよそ1.5キロメートルに相当します。

形容詞の**equivalent**を使った表現です。概数を言うときには**roughly**(おおよそ、ざっと、大ざっぱに言って)を加えると便利ですね。
冒頭の例文も、次のように言い換えることができます。

Obon is roughly equivalent to Halloween.
お盆は大ざっぱに言うとハロウィーンに相当します。

🖊column

お盆・お好み焼きをハロウィーン・ピザに例えるのは、あまりにも大ざっぱで抵抗があるかもしれません。
しかし、重要なのは聞き手にまずイメージを持ってもらうこと。共通点をしっかり説明したうえで相違点を付け加えれば、相手の脳裏にしっかり刻まれるのではないかと思います。
では、歌舞伎は何に例えますか? 「オペラとシェイクスピア劇の融合」と答えるとしたら、どんな説明ができるでしょうか。自分なりに考えてみてください。

remind of〜

思い出す

Example

That reminds me of a game I saw last year.
それを聞いて、昨年観た試合を思い出しました。

相手の話題を受けて自分の体験を話すときのフレーズです。「A + remind me of + B」の形で、「AがBを想起させた」→「Aを聞いてBを思い出した」という意味になります。日本語では「思い出した」と過去形になりますが、英語では現在形(remind)が普通です。

💬 こんな言い方もできる

Speaking of football, have you ever gone watch a premier league game? サッカーといえば、プレミアリーグの試合を観に行ったことがありますか?

Speaking of... は「〜と言えば」という定番の言い回し。相手の話を受けて、話題をちょっと変えたいときにピッタリです。**go watch** は「(実際にスタジアムに)観に行く」ときに使われます。なお、サッカーはアメリカでは **soccer** ですが、世界標準は **football** です。

This crisis is a reminder that we should be more serious about quality control. この危機は、品質管理にもっと真剣に取り組むべきとの注意喚起です。

remind の名詞 reminder は、会議や会食の日時、仕事の期限の確認などに使われる単語です。会議・会食の主催者は直前に **This is just a reminder…** という確認メールを送ります。もう一歩踏み込むと例文のような「注意・警告」という意味になるわけです（p170 もご参照ください）。

✎column

立食パーティで、あなたがある人と話しているところに、あなたの知り合い（Aさん）が声をかけてきたとします。その2人がお互い面識がない場合、知り合いをその人に紹介しましょう。立食パーティの目的は **networking**（人脈作り）。お互いの知り合いを紹介し合うことも大事なマナーです。

また、Aさんが入ってきた時点で話題を変えてもいいのですが、意外に多いのは、**We were just talking about…** と言って同じ話題を続けることです。せっかく盛り上がった話に水を差したくないし、Aさんを仲間に入れようという意識が働くせいかもしれません。雑談の際、外国ではひとつの話題を長めに話す傾向があるので、普段から少しずつ、いろいろな話題のネタの仕込みを心がけましょう。

relieve

和らげる

Example

For me, going to a gym is the best way to relieve daily stress.

私には、ジムに行くのが日々のストレス解消には一番です。

「（ストレスなどを）和らげる・緩和する」と言うときのフレーズです。**relieve** は「（痛み・悩みを）和らげる」という意味に用いられます。

The medicine will relieve pain.

その薬は痛みを和らげます。

pain relief（鎮痛剤）などで使われる名詞 **relief** は「和らげるもの、軽減」。ビジネスでは **tax relief**（税の軽減措置＝ **tax allowance**）といった場面で登場します。

> 🗨 こんな言い方もできる

A cup of coffee works to ease tension.

コーヒーには、緊張を和らげる効果があります。

「（緊張などを）和らげる」と言うときの **ease** を使ったフレ

ーズ。**ease** は **easy**（簡単な）の動詞で「楽にする、容易にする」。

The new scheme will ease the way for project members to commit themselves.　新しい枠組みは、プロジェクトメンバーがコミットすることを容易にするでしょう。

💬 relieve は、こんなふうにも使える！

I'm relieved to hear that.
それを聞いてホッとしました。

relieve は **be relieved** で「ほっとした、安心した」という意味になります。名詞形の **relief** も同様です。出張のホテルがやっと取れたときには、こんな風に言うことができます。
It was a relief to find a hotel in the end.
やっとホテルが見つかってホッとしました。

🖉column

ビジネスパーソンにとって**stay physically and mentally fit**（心身ともに健康）なことは重要。世界各地から集まる会議で**How is your jetlag?**（時差ボケはどうですか？）と聞かれたときに、「最近は（時差ボケが）きつくて…」は**NG**です。I'm fine. I slept six hours and I jogged around the hotel this morning.（**jog** ジョギングする）などと強気（？）に行きましょう。そう言った以上は、会議中のうたた寝にはくれぐれもご注意を。

entitled

権利がある

Example

We **are entitled to** take 15 paid holidays a year.

年に15日、有給休暇を取る権利があります。

休暇制度について語るフレーズです。**paid holiday** は「有給休暇」、**be entitled to** 〜は「資格・権利がある」。例文は「**be entitled to** + 動詞…」の形を取っていますが、「**be entitled to** + 名詞」でも **OK** です。

Employees are entitled to health insurance.
従業員は健康保険に入る権利があります。

> 💬 こんな言い方もできる
>
> **In theory, we have the right** to take up to one year of maternity leave.
> 理屈では、最長1年の産休を取る権利があります。

have the right（権利がある）というもうひとつの言い方です。**right** は「権利」で **duty**（義務）と対比して使われます。**in theory**（理論的には、理屈では）は通常 **in practice**（実

際には)とセットで使われます。理屈の上はそうだけど、現実的には難しいと言うときにピッタリです。例文の後、次のように続けることができます。

But in practice, we should be satisfied with six months.
でも実際には、6か月取れればよしとすべきでしょう。

💬 entitledは、こんなふうにも使える!

I'll be given a home leave entitlement next summer.
今度の夏に一時帰国の権利が与えられます。

海外駐在員の一時帰国制度についてentitlement「権利・資格」を使って表現したものです。福利厚生について語るときによく用いられる単語です。

We get a corporate pension entitlement after 20 years of employment. 入社20年後に企業年金受給の権利が与えられます。

🖊 column

> 会社の福利厚生制度は、外国人が興味を示すテーマです。日本企業の制度は外国人にはわかりにくいからです。休暇をあまり取らないイメージが定着しているので、休暇制度のトピックスは盛り上がることが多いですね。相手は「根掘り葉掘り聞くのは失礼」と思っている部分でもあるので、差支えない範囲で自分から説明した方がいいと思います。

balance

バランスを取る、両立させる

Example

I try to **balance** work and family as much as I can.

仕事と家庭は、できるだけ両立させるよう努力しています。

バランスを取る・両立させる、と言うときのフレーズです。**balance**は動詞として「（優先順位・時間配分などの）バランスを取る・両立させる」という意味で、**balance A and B**、または**balance A with B**の形で使われます。
balanceは名詞としても使われます。

It's important to **maintain the balance of** work and life.

仕事と私生活のバランスを保つことは大切です。

> 💬 こんな言い方もできる
>
> I think that work and private life **are of equal** value.
>
> 仕事とプライベートは同じ価値があると思います。

「AとBは同じ価値がある」と言うときのフレーズです。**equal**が「平等の、対等な」という形容詞として使われてい

ます。**be of equal ～**の代わりに、**equally**（副詞）を用いて次のように表現することもできます。

Employee satisfaction and contribution to the society are equally important.
従業員の満足度と社会貢献は、同じくらい重要です。

💬 balance は、こんなふうにも使える！

The current account balance stands at about 3 million yen.　当座預金残高は、約300万円です。

balanceには、（収支の）差額、差し引き残高、という意味があります。口座開設時や会計年度スタート時の残高は**initial balance**、預金や借入の残高は**outstanding balance**、**remaining balance**といいます。ローンやクレジットカード利用代金を支払うことは**pay off the balance**です。

🖊 column

いわゆる **work-life balance**（ワークライフバランス）という言葉は、日本でもすっかり定着した観があります。しかし、実際にどの程度バランスが取れているかと問われると、胸を張って答えられないのが実情かもしれません。外国人の間では、「日本で働くとバランスが保てなくなる」と思っている人は少なくありません。聞かれたときは、なるべくポジティブな答えを用意しておきたいところですね。

keen

熱心な

Example

We're **keen to** promote women to managerial positions.

女性を管理職に昇格させることに注力しています。

promote は「昇格させる」、managerial は「管理職の」という意味です。熱心に何かに取り組んでいることを伝えるときのフレーズです。keen to ～は、interested in ～（興味がある）よりもやる気がある、熱心であるときに使われます。

She is **keen to** work abroad.

彼女は海外で働きたいと強く思っています。

💬 こんな言い方もできる

We're **seriously** considering how we can promote diversity.　ダイバーシティをどう推進していくかを、真剣に検討しています。

seriously には「本気で、真剣に」という意味があります。「冗談や生半可な気持ちではない」と言うときにピッタリです。

I seriously considered changing my career.

キャリアの変更を真剣に考えました。

形容詞 serious も同様の使い方が可能です。

We're serious about promoting diversity.

ダイバーシティ推進を本気で考えています。

💬 keen は、こんなふうにも使える！

Our team staff are all very keen.

わがチームの社員は、みな熱心に仕事をします。

keen はそれだけで「熱心な」という意味で用いられます。

🖊 column

diversity は聞いたことがあっても、**diversity and inclusion** は普段あまり耳にしないかもしれません。inclusion は「包含、含有、（社会的な）一体性」などと訳される言葉です。

diversity は多様なバックグラウンドを持つ人を受け入れることですが、**inclusion** は、そこから一歩進んで、自分らしさを保ちながら組織に参加して最大限に力を活かせることです。個々が力を発揮する環境があって初めて会社は成長するというわけですね。

最近では、**diversity** は当たり前ということで **inclusion** だけを使う会社も出てきています。この２つの単語は頭の片隅に入れておいて損はないでしょう。

aging

高齢化の

Example

Japan is experiencing a rapidly aging population.

日本は急速な高齢化を経験しています。

*(米)aging (英)ageing

日本の高齢化社会についてコメントしたものです。

aging という単語は、「高齢化、老齢化、老化」などに使われます。

aging は、人間以外にも使うことができます。

The buildings are aging.

これらのビルは老朽化しています。

💬 こんな言い方もできる

Japan is facing a demographic shift.

日本は人口構成上の変化に直面しています。

人口構成上の変化についてコメントした文章です。

demographic（人口構成上の、人口統計上の）は、年齢、性別、収入などに分けられた人口の区分の特性を指します。わが国の社会に関して**demographic shift**と言うときは、年齢構成の変化、つまり高齢化を指すことが多いです。

> 💬 agingは、こんなふうにも使える！

Typically, sake is aged for about six months.

一般的には、日本酒は約6か月間熟成させます。

be agedには、アルコールの熟成に使われる用法があります。「年を取る」という元の意味から想像すれば「熟成させる」という使い方もイメージしやすいですね。

agedは、アルコールだけでなくチーズにも**well-aged cheese**（よく熟成されたチーズ）のように使われます。

🖊column

雑談中に日本の社会や文化について聞かれることがあります。話を盛り上げる絶好のチャンスです。
先方はある程度の一般情報は持っているので、一般論よりも具体的なストーリーに興味を示します。
高齢化であれば、自分の体験談や友人・知人から聞いた話、最近の動向のネタがあると喜ばれるでしょう。

gap

格差

Example

The gap between the rich and the poor keeps growing. 貧富の格差は引き続き拡大しています。

格差についてコメントするときのフレーズです。**gap**は「格差、隙間、隔たり」を表すシンプルな単語。**generation gap**（世代格差）、**gender gap**（男女格差）などでお馴染みですね。

The gender gap has been shrinking.
男女格差は縮小しつつあります。

💬 こんな言い方もできる

Widening inequality can be a threat to economic growth.
不平等の拡大は、経済成長の脅威となり得ます。

*threat 脅威

名詞**inequality**（不平等）を使った言い回しです。**inequality**（不平等）は**equality**（平等）の反対です。ちなみに、形容詞**equal**（平等の）の対になる単語は**unequal**（不平等の）。

We need to fill the gap after he resigns.

彼が退職した後、穴を埋めないといけませんね。

「隙間、隔たり」の意味で使われる **gap** の用法です。**fill** は「満たす、埋める」ですから、**fill the gap** で、隙間を埋める→穴を埋める、となります。退職で抜けた人の分まで働くという意味ですね。

ちなみに、ロンドンの地下鉄ではこんなアナウンスが流れます。

Please mind the gap between the train and the platform.

電車とホームの隙間に気をつけてください。

* (英) mind 気をつける

🖊 column

日本では「格差社会」がひとつの社会問題となっていますが、外国の目から見ると、「それほどではない」と映るようです。確かに、欧米諸国と比べると格差は少ないのかもしれません。

ただ、格差は、非正規雇用、年金生活者の問題と絡んでいるだけに、「格差の問題がある」と言うと、興味を示してきます。日本食といった楽しい話題よりは重いですが、こうした社会問題の引き出しを作っておくと、いざというときに役に立つでしょう。

telecommute

在宅勤務する

Example

Some of our staff telecommute once or twice a week.

スタッフの中には、週1、2回在宅勤務をしている人がいます。

「在宅勤務をする」と言うときのフレーズです。

telecommutingはオフィスと仕事場が**telecommunication**（コンピューター回線）でつながっている仕事の形態を指します。

オフィスに出向かないという意味で、自宅よりも広い概念です。

telecommuteは動詞です。

💬 こんな言い方もできる

I work from home twice a week.

週2回は自宅で仕事をしています。

「在宅勤務をする」というシンプルな言い回しです。

同様の言い方に、**from**の代わりに**at**を使った**work at**

home もあります。

在宅勤務の求人広告にも **work-from-home jobs**、**work-at-home jobs** というカテゴリーが存在します。

from(at) home の代わりに **remotely**（離れて）を使っても表現できます。

I work remotely three days a week.
週3回、在宅勤務をしています。

💬 telecommute は、こんなふうにも使える！

I became a telecommuter when I gave birth to my first baby.
第1子を生んだときに在宅勤務者になりました。

telecommuter は「在宅勤務をする人」という意味の単語です。**bank**（銀行）→ **banker**（銀行員）と同様に語尾に **-er** をつけた形です。**teleworker** も同じ意味で使われます。

I've been a teleworker for two years.
2年間、テレワーカーとして働いています。

🖊 column

勤務形態は多様化しつつあります。
在宅勤務とはいかなくても、多くの企業がフレックス

タイムを導入しています。

関連する語句としては、
flexible working hours（フレックスタイム）、
working shift（交代勤務制）、
work on shift（シフト制で働く）、
early shift/late shift（早番・遅番）、
day shift/night shift（昼勤・夜勤）
といったところでしょうか。

テーマに関する語彙やフレーズをまとめておくと、雑談力が一気にアップします。

雑談で求められる日本の知識

「外国人の、日本に関する質問にはしっかり答えよう」

——そう言われると、「海外の教養人の方が、たとえば歌舞伎や能・狂言といった伝統文化にも詳しかったりするので大変そうだ」と感じる方がいるかもしれません。

一方で、「アニメや邪馬台国の話などを熱く語ったらオタクっぽくて嫌われるんじゃないかな？」という疑問もあるかもしれませんね。

そもそも、どの程度深く知っているのが望ましいのでしょうか。

結論から先にいうと、**ピンポイントでも、まずは話題にできれば十分**と考えていいと思います。

チェコのプラハに出張したときに、ある銀行でトルココーヒーが出されたので、「チェコではトルココーヒーが一般的なのですか」と軽く振りました。

すると先方は、「待ってました！」とばかりに、「オスマントルコからウィーンを通してカフェ文化が広がった」と説明を始めました。

そこまではよかったのですが、それから先、チェコに入ってからの話となると、聞いたことのないチェコの地名や人物

名がいろいろ飛び出し、よくフォローできませんでした。

　このプチ事件（？）で学んだのは、あまりウンチクを語りすぎても相手はわからないことがある、ということです。
　それ以来、ちょっとした軽い話題をわかりやすく話すよう心がけるようになりました。
　もし相手が興味を示し、自分もたまたま詳しい分野であれば、深く話せばいいのだと思います。

　特に、日本に在住経験のある外国人ビジネスパーソンには知日家が多いですね。
　そういう方は自分でよく知っているので、われわれを困らせるような突っ込んだ質問はあまりしてこないと思います。
　むしろ、日本のことをあまりよく知らない方にわかりやすく説明してあげることによって、わが国をもっと知ってもらおうという姿勢で臨めばいいのではないでしょうか。

Chapter 4

プレゼンテーションで使える単語

プレゼンでは、プレゼンに加えて、質疑
応答のセッションも重要です。説得力を
持たせ、質問にスマートに答える秘訣を
マスターしましょう。

privilege

名誉、光栄

Example

It is a great privilege for me to make a presentation today. 本日プレゼンさせていただけることを大変光栄に思います。

プレゼンの最初の挨拶として使われるフレーズです。
privilege は「(特別な) 名誉、光栄、特権」という意味の単語です。自分がゲスト・スピーカーとして招待されたときばかりでなく、主催者側でも使うことができます。

💬 こんな言い方もできる

It is a great honor for me to speak to you today.
本日皆様にお話しさせていただけることを大変光栄に思います。 *(米)honor (英)honour

---

honor は「光栄、名誉」という意味の単語です。
have the honor of 〜の形を取ることもあります。
I had the honor of meeting the CEO.
社長にお会いすることができて、とても名誉なことでした。
逆に、ゲストを迎える側であれば、

It is an **honor** to have you here.
あなたをお迎えすることができて、とても光栄です。

💬 privilege は、こんなふうにも使える！

I feel we've been **privileged** to be involved in this milestone project.
この画期的なプロジェクトに参画できたことを光栄に
思います。 *milestone 画期的な、象徴的な、重要な

形容詞 privileged を使った用法です。**be privileged to...**
の形を取ります。
I was **privileged** to lead an important negotiation.
重要な交渉を任されて光栄でした。

🖊 column

プレゼンの2つの柱は、**contents**（内容）と **delivery**（伝
え方）と言われています。それを支えるのが、プレゼ
ン資料です。プレゼンは「現代版・紙芝居」とも言え
るもので、美しいスライドやビデオが出来上がると、
ついホッとしてしまいます。

ただ、これらはあくまで **delivery** の一部であって、ま
ずは **contents** が勝負です。どんなメッセージや思い
を聴衆に伝えたいのか、そして、それをどう資料に反
映させればそのメッセージが浮かび上がってくるのか、
まずはじっくり考えたいですね。

hold

そのままにする

Example

I'd like to ask you to hold any questions until the Q&A session at the end.

ご質問は最後の質疑応答セッションにお願いします。

質問を受けるタイミングを知らせるフレーズです。
hold には「（今の状態を）維持する、そのままにする」という意味があり、この場合は、質問を抱えた状態を Q&A セッションまで維持する、というニュアンスです。
一番わかりやすいのは、こんな電話の例ですね。

Please hold the line. I'll put you through to Mr. Smith.
そのままお待ちください。スミスさんにおつなぎ致します。

💬 こんな言い方もできる

Please feel free to ask any questions during the Q&A session.
Q&A セッションで自由にご質問ください。

feel free（いつでもどうぞ）を使ったフレーズです。内容的には「プレゼン中は質問をしないでほしい」ということ

ですが、否定文ではなく肯定文で表現すると響きが柔らかいですね。

プレゼン中でも受ける場合は、**interrupt**（中断する、さえぎる）を使って、次のように言うことができます。

If you have any questions, please feel free to interrupt at any time.

質問がございましたら、いつでもご自由にお願いします。

💬 hold は、こんなふうにも使える！

This year's CSR conference will be held in June.

ことしのCSR会議は、6月に開催予定です。

*CSR：Corporate Social Responsibility（企業の社会的責任）

会合を行う日時や場所を伝えるときの **hold** の用法です。

✎ column

質問の受け方には、プレゼン終了後に質疑応答の時間を設ける場合と、プレゼンの途中でも随時受ける場合があります。プレゼン中に質問が飛んでいると、話し手・聞き手双方ともにプレゼンに集中できない反面、聞き手の疑問がその場で解消されるメリットもあります。

出席人数、出席者、会場設定など、そのときの状況に応じてどちらか判断し、プレゼンの最初にはっきり伝えましょう。

did you know?

知っていましたか？

Example

Did you know that around 50 percent of the components are made in Japan?

部品の約50％が日本製であることをご存じでしたか？

聞き手にとっても意外性のありそうな事実を述べるときに有効なフレーズです。

Did you know... と過去形にすることによって、知っていたか→（もしかしたら）知らなかったのではないか？というニュアンスを出すことができます。

💬 こんな言い方もできる

Surprisingly, sales doubled in the first three months.

驚いたことに、売り上げは当初3か月で2倍になりました。

話し手として驚きを表す言い回しですが、聞き手にも意外性があるという期待が込められています。

surprise を名詞として **To our (great) surprise**、**much to our surprise** などと言うこともできます。

double は「2倍になる」という動詞として使われています。
同様に「3倍になる」なら **triple** です。

💬 know は、こんなふうにも使える！

As far as I know, the bidding should take place
early next month.
私の知る限り、入札は来月初旬に行われるはずです。

as far as I know は、自分の知っている範囲でコメントす
る場合に使われるフレーズです。全ての情報を持っている
わけではない、もしかしたら違っているかもしれないけど
…というニュアンスを含みます。

to the best of my knowledge も、同じ意味のフレーズです。

🖊 column

attention grabber（聴衆や読み手の興味を惹きつける
もの）には、著名人の発言の引用、具体的なストーリ
ーなどがあります。
質問を投げかけるのも効果的です。
冒頭の例文は **Yes・No** で答えられる **closed question**
ですが、**what, how** などを使った **open question** で聞
き手の反応を見るのも一案ですね。

stress

強調する

Example

I'd like to **stress** the need for fundamental change in strategy.

戦略の根本的な変革の必要性を強調したいと思います。

stressは動詞として、何かを強調したいときに使われます。
stressの後には例文のような名詞句が来ることもあれば、
I'd like to stress that...の形で文章を続けることもできます。
なお、stressは名詞としてlay stress on 〜（〜に重点を置く）という熟語でも使われます。

We lay stress on localization.

ローカル化に重点を置いています。

💬 こんな言い方もできる

We'd like to **emphasize** our commitment in Southeast Asia.

わが社は東南アジアに本腰を入れている点を強調したいと思います。　　　*(米)emphasize (英)emphasise

emphasizeはstress同様、「強調する」という意味です。

emphasize の 名詞形 emphasis（強調）を含んだ **place emphasis on** ～を使って、

We place emphasis on our commitment in Southeast Asia.　と言い換えることもできます。

😊 stress は、こんなふうにも使える！

The staff at the factory seems to be stressed out.
工場のスタッフはストレスで参っているようです。

stress out は、大きなプレッシャーや不安を感じてストレスが溜まっている状態を指します。**The trouble stresses me out.** といえば、「そのトラブルで参っています」となります。名詞はご存じ **stress**（ストレス、精神的重圧）です。**He is under a lot of stress.** は、「彼は大きなプレッシャーを感じている」となります。

✏ column

プレゼンやミーティングでは、伝えたいポイントがしっかり伝わるようにすることが大切です。よく言われるのは、**3 point message** という原則です。
要点が3つを超えると聞き手の頭や心に残らないと言われます。本論に入る前に、

　I'd like to mention three points today.
　今日は3つのポイントをお話したいと思います。
などと言うと、聞き手は心の準備をできるでしょう。

edge

強み、優勢

Example

We believe we **have an edge over** our peers on this point.

この点では、競合会社に対して優位にあると確信しています。

have an edge over 〜は、「〜に対して優位に立つ」。
edgeはもともと「(ナイフなどの)鋭くとがった刃の先、(机などの)縁・へり・角」という意味がありますが、ビジネスでは他社と比較した「強み・勝る点」として使われます。
edgeの代わりに**advantage**(有利、強み)を使って**have an advantage over** 〜と言い換えることもできます。

💬 こんな言い方もできる

We differentiate our products from our rivals.
わが社の製品は、ライバル会社とは差別化を図っています。

differentiate は **difference**(区別)、**different**(違った)の動詞形で、「区別する、差異を生じさせる」という意味の

単語です。**have an edge (advantage)** とは少しニュアンスは異なりますが、一味違ったものを作って競争力を保とうとすることですね。

💬 edge は、こんなふうにも使える！

The economy is on the edge of recession.
経済はリセッション（景気後退）の瀬戸際にあります。

---

on the edge of 〜は、「〜の瀬戸際にある、ほとんど〜である」という意味のフレーズです。
on the edge of bankruptcy なら「倒産・破産寸前の」。
edge の持つ「縁・へり・角」という意味から「危険にさらされて、危機に瀕して」という意味を連想できますね。

🖊 column

> 他社の製品やサービスとの差別化をどう図り、その強みをどう説明して聞き手を説得するかは、プレゼンの勝負どころですね。競争力の分析によく使われるのが、**SWOT** 分析といわれる手法です。
>
> **Strength**（強み）、
> **Weakness**（弱み）、
> **Opportunities**（機会・チャンス）、
> **Threats**（機会を阻む脅威）
>
> について考えていくと、プレゼン準備に役立つかもしれません。

be concerned

心配している、懸念を持っている

Example

You may be concerned about the country's infrastructure.　その国のインフラ（社会基盤）について、ご心配かもしれませんね。

相手が心配・不安に思っていることを先回りして言うときのフレーズです。名詞concernには「心配、懸念、関心事」といった意味があり、concernedはその形容詞です。名詞を使うと、**You may have concerns about...** という形になります。物事を主語にして、

The unstable political conditions concern me.
不安定な政治状況が心配です。
と言うこともできます。

💬 こんな言い方もできる

Perhaps you are not entirely convinced of implementing a new system.
新しいシステムの導入について、完全には納得していらっしゃらないのかもしれませんね。

確信を持つに至っていない状態を表すフレーズです。
be convinced…（確信を持っている）を **not entirely…**（完全に…ではない）という形で部分否定しているので、「完全に確信を持っているとは言えない→完全に納得しているとは言えない」となります。

💬 concerned は、こんなふうにも使える！

As far as I'm concerned, they can go ahead with the plan.

私としては、彼らが計画を実行したらいいと思います。

---

as far as I'm concerned は「私に関して言えば→自分としては」という意味のフレーズです。concerned には「関係している」という意味があり、ビジネスでは、

the parties concerned（関係している一団→関係者）

といった使われ方をします。

✐column

あくまで一般論ですが、アメリカではポジティブで力強いプレゼンが好まれるのに対し、ヨーロッパではネガティブな面にも言及してバランスを取る傾向にあります。いいことばかり並べ立てられると、聞き手は「どこかに **catch**（落とし穴）があるのでは？」と感じるかもしれません。聴衆の反応が冷ややかだと感じるときは、聞き手の懸念を払拭することを考えましょう。

move on

移る

Example

Now, shall we **move on** to the next topic?
では、次の話題に移りましょうか。

次のテーマに移るときの決まり文句です。
move onは、次に何らかのアクションを起こすときに使われます。言い方にはいくつかバリエーションがあります。
I'd like to **move on** to the next topic.
Let's **move on** to the next topic.
Nowと言って一拍置くと、聞き手の視線が集まるでしょう。

💬 こんな言い方もできる

That **leads** me to the next point.
ここから、次のポイントが出てきます。

いま話している話題に関連していることを意識した言い回しです。次の話題が今の話題の延長線上にある場合に効果的かもしれません。**lead**の代わりに**bring**を使うこともできます。
That **brings** me to the next point.

💬 move は、こんなふうにも使える！

I think the merger talk is moving in the right direction. 合併交渉は正しい方向に行っていると思います。

「進展する」という意味で使われる **move** の用法です。一語で置き換えるとすれば **progress** でしょう。特定の対象のみならず、全般的な進展を表すこともできます。

Things are moving quickly after both parties agreed to the price. 両者が価格で折り合った後は、どんどん物事が進んでいます。

*party 関係者

🖋 column

人間には集中力の限界もあり、特に長いプレゼンの場合、聴衆の注意を惹きつけておくことはなかなか難しいものです。次のテーマに移る頃には、時計を見たり、スマホでメッセージをチェックしたりする人が出てくるかもしれません。

そんなときには、一気に突き進む代わりに、

Before we move on to the next topic, …

などと切り出して、プレゼンに関連するスライドや短めのビデオを見せて説明してみてはいかがでしょうか。プレゼン用のファイルとは別にいくつか用意しておくと、そのときの状況によって選ぶことができるので便利です。

come to the point

その点を取り上げる

Example

I'll **come to the point** in a minute.

その点については、もうすぐ取り上げます。

プレゼン中に、次に話そうとしていた点について質問が出たときに対処するフレーズです。

質問者に対してその都度答えていると、話の腰を折られるだけでなく、他の聞き手の集中力が欠けてくる恐れがありますね。

come to の代わりに、**cover** を使って、**cover the point** と言っても構いません。

> 💬 こんな言い方もできる

I'm going to **explain that shortly.**

それについて説明しようと思っていたところでした。

come to that point 同様、これから取り上げるから安心してください、と意思表示するフレーズです。**shortly** は「じきに、間もなく」。

この文章に続いて、

Would you **bear with me** for a moment?
しばらくご辛抱いただけますか？
といったひと言を加えると、もっと丁寧になりますね。
bearは「耐える」です。

> 💬 comeは、こんなふうにも使える！

It all comes down to our determination.

結局は、われわれの本気度にかかっています。

A come down to B. は、「結局は、AはB次第である」とい
う決まり文句です。直訳「それは全て我々の戦略に下りて
くる」からわかるように、「突き詰めると、AはBに尽きる」
という意味です。
determination は、**determine**（決める、決心する）から想
像できるように、「絶対にやる」という決意・決心を指し
ます。

🖊 column

I'll come to that point in a minute. と言った後、実際
にその点を取り上げるときに忘れてはいけないことが
あります。
それは、質問した人に対してアイコンタクトなどでシ
グナルを送ること。
あなたの質問はちゃんと覚えていますよ、というメッ
セージを発信し、質問者に対する配慮を示しましょう。

answer

答える

Example

Does that **answer** your question?
ご質問の答になっていますでしょうか?

自分の回答が十分かどうかを、質問者に聞くフレーズです。
直訳すると「あれはあなたの質問に答えていますか?」と
なります。
answer は動詞として使われています。
that は自分の答を指しています。
とても英語らしい表現ですね。

💬 こんな言い方もできる

Is that the kind of answer you were expecting?
期待されていたのは、このような回答でしょうか?

相手の期待を意識したフレーズです。相手が満足する回答
をしたい、という気持ちを見せることができます。

Is that the kind of information you were looking for?
といったバリエーションもあります。

💬 answer は、こんなふうにも使える!

The short answer is we can do that.

ひと言で言うと、それは可能です。

質問に対して、ひと言で答えるときの口語的なフレーズです。スパッと短く答えてから説明を加えれば、相手の頭の中にスッと入っていくでしょう。

simple を使って、
The simple answer is (that)…
と言っても結構です。

column

> プレゼンが成功したかどうかは、最終的に聞き手がどう受け止めたかで決まります。いくら中身がよくても、聞き手の心に刺さらなければ成功とは言えません。
> その際、プレゼンター（話し手）の力強さや説得力といった要素も大切ですが、誠実（**sincere**）かどうかという点も意外に大きいのではないかと思います。
> 誠実さは、聞き手の目線に立つことで示すことができます。
> その意味でも、質問の答になっているかの確認は忘れないようにしたいものです。

off the top of my head

パッと思いつく・思い浮かぶ

Example

Off the top of my head, it's something like 15 percent.

思いつくままに言うと、15%くらいだと思います。

聞き手の質問に対して正確な答がわからないときに、おおまなか答をした方がいい場面で使えるフレーズです。「頭のてっぺんから離れる」ところから「パッと思いつく・思い浮かぶ」という意味になります。逆に、即答できないときにも使用可能です。

I can't think of any solution off the top of my head.
解決策は思い浮かびません。

> 💬 こんな言い方もできる
>
> **If I remember correctly**, I think it was at the time of the Koizumi administration. 私の記憶が正しければ、それは小泉政権のときだったと思います。

コメントの正確性にはちょっと自信がないけれども、宿題として持ち帰るよりは答えてしまった方がいい、といった

ときに使えるフレーズです。

Correct me, if I'm wrong, but…

もし違っていたら訂正してください。

と言って切り出す方法もあります。

ただ、いつもこう切り出していると自信がなさそうな印象を与えるので、連発するのは控えた方がいいでしょう。

💬 head は、こんなふうにも使える！

John heads our subsidiary in Kuala Lumpur.

ジョンはクアラルンプールにある子会社のトップです。

Head（名詞）には「（組織の）長・トップ」という意味があります（**Department Head** 部長・課長）。例文の **head** はその動詞形で「（組織などの）トップに立つ、率いる」という用法です。

📝 column

多岐にわたる質問を聞きとったうえで、相手の満足する回答をする──プレゼンのQ&A（**Questions & Answers**）セッションは、プレゼン以上に緊張する場面かもしれません。特に、海外では **Q&A** にたっぷり時間を取るので、顔は笑って心臓はバクバク、という状態です。**Q&A** 対策の基本は、やはり「備えあれば憂いなし」。想定外の質問はあまりないはずなので、しっかり回答を用意しておきましょう。

come(get) back

後ほど回答する

Example

I'll **come(get) back** to you on that point later.
その点については、後ほど返答します。

答えられない、または答えにくい質問が飛んできた場合に
使うフレーズです。わからないからといって、
I cannot answer that question. とか I don't know. と言っ
てごまかすのはプレゼンのマナー違反です。
もし同僚が調べているなら、
My colleague is checking the data. と補足してもいいで
すね。いずれにせよ、真摯な姿勢を見せることです。

💬 こんな言い方もできる

Let's talk over the matter after the session.
この（Q&A）セッションが終わったら、お話ししまし
ょう。

これも、答えられない、答えにくい質問に対する応急処置
に使えるフレーズです。質問の中には、聴衆全体の前であ
まり話したくない事項があったり、質問というよりは持論

を展開してきたりするケースもあります。そんなときはこうしたフレーズでさり気なく場外に持ち込むのが得策です。

> 💬 come は、こんなふうにも使える！

Our activity in Africa has come a long way in just a decade. わが社のアフリカにおける活動は、わずか10年でここまで来ました。

come を使った言い回しはたくさんありますが、**come a long way** は「大きな躍進・進歩を遂げる」という意味で使われます。**long way**（長い道のり）とはいっても、かかった時間の長さは関係ありません。出世や成功した人に対し、**You've come a long way.** などと言うこともできます。

🖊 column

> プレゼンの内容から外れ、自分の専門分野ではない質問が出たらどうしますか？
> 自分が知らなくても恥ずかしくない内容であれば、
>
> **I'm not an expert on that. Would anyone in this room like to comment?**
> 自分の専門ではないのですが、どなたか意見のある方はいますか？
>
> と会場に振ってみるのも一案です。誰かから助け舟が出たり、意外にも質問者自身が答えたりして、面白い展開になると思いますよ。

insightful

示唆に富んだ

Example

Thank for your insightful comments.

示唆に富んだコメントを、ありがとうございます。

自分の意見を述べた参加者に、謝意を述べるフレーズです。
insightful は insight（知見、洞察（力））の形容詞で、「示唆
に富んだ、洞察力のある」という意味です。
プレゼン中または質疑応答セッションで、発言を補足して
くれた人に対しては、お礼のひと言を添えるといいですね。

💬 こんな言い方もできる

Thank you for sharing your view with us.

お考えをお話しいただき、ありがとうございます。

share は「共有する、共感する」ですから、お考えをわれわ
れと共有してくださってありがたい、という気持ちを表し
ます。
この **share** は「同じ意見や経験などを持つ」という意味でよ
く使われます。

We share the same view.

われわれは同じ見解を持っています。

💬 insightful は、こんなふうにも使える！

The report gives us new insight into the industry.

このレポートは、この業界に関する新たな見識を与え
てくれます。

名詞 insight（見識、洞察）を使ったフレーズです。
insight into ～で「～に対する洞察・知見」という意味にな
ります。人を主語にして使うこともできます。

He has an insight into the Japanese culture.

彼は日本文化について、深い見識を持っています。

🖊 column

> **We have time for one last question.**
>
> あとひとつ、質問をお受けする時間があります。
>
> と言って、最後の質問を受けたら、**Q&A session** も終
> 了です。
>
> 最後のひと言は、
>
> **Thank you for your participation.**
>
> ご参加いただき、ありがとうございました。
>
> といった感謝の言葉で締めましょう。

identify oneself

名乗る

Example————

Please **identify yourself** before asking questions.

質問する前に名乗っていただければと思います。

聴衆から質問を受けるときに、名乗るよう仕向けるひと言です。**identify**は「(〜に違いないと)確認する、見分ける」という意味の動詞。
identify oneselfで「名乗る、身元を明らかにする」という意味になります。

💬 こんな言い方もできる

Please say your name and the name of the organization.

お名前と所属の組織名をおっしゃってください。

*(米)organization (英)organisation

極めてシンプルな言い方ですが、これでも問題ありません。名乗ることで、主催者側のみならず、参加者同士が**networking**(人脈作り)しやすい環境を作ることが重要です。

You'll be asked to show your ID at the entrance.
入口で身分証明書を見せるように言われます。

*ID (identification) 身分証明書

身分証明書は、正式には **personal identification** ですが、略して **ID** と言います。
ビル入館時のセキュリティチェックは厳しくなる一方なので、受付で **Could you show me your ID?** と聞かれる頻度は、今後もっと増えるでしょう。

🖊 column

さて、いよいよ **Q&A session** に入ります。

まずは、
Now, we're happy to take questions from the floor.
では、会場から質問をお受けします。（floor 床→会場）
でスタート。

問題は次です。
同時に複数の人が手を上げました。
誰かひとりを指すときに何と言いますか？

答は、①男性か女性か、②場所、③服の特徴、の順です。

例えば、男性の場合は、

Yes, the gentleman on the right with the yellow tie.

（右側の黄色いネクタイをした男性）

女性なら、

Yes, the woman at the front with the purple jacket.

（前方の紫色のジャケットを着た女性）

といった感じです。

服の特徴まで言わなくてすめばホッとします。

ただ、同じ辺りから手が複数挙がることもあるので、事前にいくつかのパターンを練習しておきましょう。

プレゼン力を磨く方法

あのアップルの故スティーブ・ジョブズのように格好よく
プレゼンをこなしたい

——ビジネスパーソンなら誰でもそう思うでしょう。

大画面をバックにステージを左右に動き回るパワフルなプ
レゼンは、非常にimpressiveですね。

ジョブズ氏のレベルには届かなくとも、delivery（伝え方）
をちょっと工夫するだけで、印象は大きく違ってきます。

まず、話し方について。

単調にならないよう抑揚をつけることは基本ですが、重要
なのは、**意味の固まりで区切って話す**こと。

We believe it is a great opportunity to invest in the
region.

という文章を、

We believe it / is a great / opportunity to / invest in the
/ region.

と読んだとしたら、とても聞きづらいでしょう。長めの文
章はなおさらですね。

次に、間の置き方について。

例えば、ある文章を言った後で、

Do you know why?

と聴衆に投げかけたとします。

間を置かずに、

Because…と言ってしまったら、聴衆は考える暇がありません。

ほんの一瞬、間を置いてみたらどうでしょう。

あまり長いと間延びしますが、1秒か2秒置くと、皆Because…に集中するのではないでしょうか。

一拍置くことは、強調するのと同じ効果があることを意識しましょう。

最後は、われわれが苦手とするアイコンタクト。

原稿を見たり、聴衆と視線を合わせなかったりすると、メッセージは伝わりません。

満遍なく目を配ることが大切ですが、まずは、**よく聞いている人、うなずいている人に視線を向ける**と、自分も話す力が湧いてくるのでおすすめです。

この3つを意識することによって、聴衆の反応はだいぶ違ってくるはずです。

Chapter 5

ミーティングでは存在感を示すことが求められます。自分の意見を発信したり、進行役を務めたりするときに知っておきたいキーワードとコミュニケーションスキルを身につけましょう。

come to an agreement

合意に達する

Example

We need to come to an agreement on two items on the agenda.

議題の2つの項目について合意しなければなりません。

ミーティングの進行役が、会議の目的について説明すると
きに使うフレーズです。

agreementは「合意、賛成」、come to an agreementで「合
意に達する」となります。

agreement の動詞 agree を使って、We need to agree
on... と言い換えることもできます。

💬 こんな言い方もできる

We need to reach a consensus on the investment in Russia.

ロシアへの投資に関して合意する必要があります。

「合意に達する」に相当する英語の中でよく使われる言い
回しのひとつに reach a consensus があります。

consensus は「意見の一致・総意」の意で、consensus in

the office といえば、オフィスの従業員の総意。日本語でもそのままコンセンサスとして定着していますね。

💬 agreement は、こんなふうにも使える！

We need to finalize the terms and conditions for the agreement.

契約書の条件について最終合意する必要があります。

*(米) finalize (英) finalise
*terms and conditions (契約上の) 条件

---

agreement には、「合意・総意」の他に、「契約上の合意、契約書」の意味があります。

銀行で **housing loan agreement** といえば「住宅ローン契約書」。

sign an agreement といえば「契約書に署名する」となります。

🖊 column

> 海外、特に欧米でのミーティングは効率重視ですから、進行役は、会議の冒頭で議題を確認し、会議の目的(情報共有、意見交換、決定など)を明確にしなければなりません。
> 時間管理(**time management**)も重要です。
> 日本では特に終了時間には寛容なところがあるので、**end on time** (時間通り終了する)を目指す点を意識するといいでしょう。

contribute to～

～に貢献する

Example————

I expect everyone to **contribute to** the meeting.

皆さんがミーティングに貢献することを期待します。

ミーティングの冒頭で、司会者が参加者に対して積極参加を促すフレーズです。contributeは「貢献する」。ミーティングにcontributeするとは、積極的に発言して有意義なミーティングとなるよう心がけることです。名詞形contributionを使って、

make contribution to the meeting

と言うこともできます。

💬 こんな言い方もできる

We'd like you to **actively participate** in the discussion.

議論に積極的に参加していただきたいと思います。

文字通り、**actively**（活発に、積極的に）**participate**（参加する）というフレーズです。**active participation**（活発な参加）を使って、

We ask your **active participation** in the discussion.
と言うこともできます。

⏼ contribute は、こんなふうにも使える！

The warm weather in winter **contributed to** a decline in sales. 　暖冬が売り上げ減の一因となりました。

A contribute to B で「A が B の一因となる」という用法。
contribute ＝貢献する、と考えると、ポジティブな意味で使われるイメージがありますが、必ずしもそうではありません。
Fossil fuels **contribute to** a global warming.
化石燃料は地球の温暖化の一因となっている。
という文章を見れば一目瞭然ですね。お決まりの日本語訳だけで考えず、単語の持つニュアンスを考えてみましょう。

🖊 column

外国、特に欧米のミーティングでは、様々な角度から意見を出し合っていい結論を導き出すという考え方があります。司会者には、皆が発言しやすい雰囲気を作るという役割が課されます。参加者に対して **encourage participation**（参加を促す）ことが重要です。

I'd like to hear your honest opinions.
率直な意見を聞きたいと思います。

などと添えるのも一案でしょう。

see

私の見るところでは〜

Example

As I see it, we still have room for negotiation.
私の見るところでは、まだ交渉の余地があると思います。

自分の意見を述べるときのフレーズです。
As I see itの直訳は「私がそれを見ると」ですから、「私の考え（意見）では」「私の見るところでは」となります。**I think**〜よりも、自分の考えであることを強調しています。

💬 こんな言い方もできる

In my opinion, option A works better than B.
私の意見としては、選択肢Ａの方がＢよりもうまくいくと思います。

---

in my opinion は「私の意見としては」という意味の決まり文句で、**as I see it** と同様に使われます。
in my view と言うこともできます。
perspective（見解）を使う場合は、**from my perspective**と **from** を使うのが自然です。
なお、それぞれ **My opinion**（view, perspective）is....　とい

う文体にしても OK です。

As far as I see it, the new product is well received locally.

私が知る限りでは、新製品は地元で好評です。

As far as I see it の直訳は「私がそれを見る範囲においては」ですから、「私の知る限り、私が理解している限り」といった意味になります。自分が持つ情報や知識をベースに意見を述べる言い方といえるでしょう。

well received は「好評である」でしたね（p068）。

🖊 column

外国人が英語で仕切る会議で発言するのは、なかなか難しいものです。みな間髪入れずに発言するので、自然体でいると何も言わずに終わってしまう悪夢が現実のものとなりかねません。

そんな状況のときは、相手がある程度話したと思われるタイミングで、

I'm sorry to interrupt, but can I say something?

すみませんが、ちょっとよろしいですか？

と言って割って入ってみてください。相手が話しているからといって失礼にはなりません。

clarify

はっきり説明する

Example

Could you **clarify** your position on this issue?
本件にかかわる貴社の立場についてご説明いただけ
ますか？

発言者に対して、確認したり補足説明を求めたりするフレ
ーズです。
clarify は「（はっきり）説明する、明らかにする」などと訳
されますが、もっとはっきりとわかりやすく説明する、と
いうニュアンスです。

💬 こんな言い方もできる

Could you be a bit more specific about your request?
ご要望をもう少し詳しく教えていただけますか？

相手の発言がわかりにくいときに、説明を求めるフレーズ
です。**specific** は「明確な、特定の」という意味で、
general（一般的な）の反対。一般論・総論ではなく、もっ
と詳しく具体的に、というニュアンスですね。

Please let us know, if you need further clarification.
さらに説明が必要な場合は、お知らせください。

名詞 **clarification**（説明、解明）を使ったフレーズです。
e メールにもそのまま使われる文章です。まだ不明な点や
はっきりしない点があったらどうぞ、ということです。

🖋column

相手の言っていることがはっきりしないけど、何とな
く聞き返すのはためらってしまう。そのうち議題が次
に進んでしまったので、結局聞きそびれてしまった。
…こんな経験は誰でもあると思います。

しかし、はっきりしなかったことが実は重要だった、
ということはよくあります。わからないのは必ずしも
自分のせいではなく、相手の説明が要領を得ないこと
もあるのです。
躊躇せず、例文を応用してしっかり聞き返しましょう。

follow

理解する、わかる

Example

I couldn't quite **follow**.
Could you rephrase the last sentence?

よく理解できませんでした。最後の文を言い直してい
ただけますか？

*rephrase 別の言い方をする

相手の発言が難しかったり、聞き取れなかったりするとき
に言うフレーズです。**follow** は「追う、続く」という意味
ですから、相手の言うことについていけない、というニュ
アンスです。**I'm having difficulty following you.** と言う
こともできます。

💬 こんな言い方もできる

**I couldn't quite catch that. Could you repeat it more
slowly?** よく聞き取れませんでした。もっとゆっくり
おっしゃっていただけますか？

相手の発言が聞き取れないときや理解できないときに使う
catch の用法です。**catch** の「捕まえる」というところから
来る表現ですね。挨拶をした相手の名前が聞き取れなかっ

たときは、こんなふうに言います。

I'm afraid I couldn't catch your name.
すみませんが、お名前を聞き取ることができませんでした。

> 💬 followは、こんなふうにも使える！

We're going to have a meeting, followed by lunch.
まずはミーティング、続いて昼食となります。

「続く」という意味で使われる **followed by...** の用法です。
A, followed by B（Aの後にBが続く）という言い回しです。
カラオケで歌うときも、**I'm going to sing A, followed by
B.** と言えばバッチリですね。

🖊column

一般的に、日本人と結婚している方や、日系企業で働
く外国人の英語は、比較的わかりやすいと言われます。
どのように話すと通じるか、自分なりの経験を持って
いるからでしょう。ビジネスで遭遇する相手の中には、
どの程度の英語で話したらいいかわからない、あるい
はそういうことを意識しない人がいます。
わからないからといって萎縮することはありません。
Sorry を連発せずに、**I don't understand.** とはっきり
言うことです。重要なのは、どこまでわかって、どこ
がわからないかを説明することです。

with reservations

留保付き・条件付きで

Example

I can agree with that only with reservations.

それには条件付きなら賛成します。

全面的に賛成ではないときに使われるフレーズです。
reservation と聞いてまず思い浮かべるのは「予約」ですが、
複数形で「条件・留保付き」という意味があります。
in part（一部の）を添えて、
I agree with you in part.
部分的には賛成です。
という表現もよく使われます。

💬 こんな言い方もできる

It's not as simple as it seems.

見かけほど、そう単純ではありません。

全面的に賛成というわけにはいかないことを、婉曲的に表す言い方です。
I agree. とか、**I can't agree more.**（これ以上賛成することはできない→大賛成）と言うのは簡単ですが、そうでない

ときは、相手に配慮した言い方を考えたいものですね。

💬 reservationsは、こんなふうにも使える！

I still have reservations about importing the product.

その製品の輸入については、まだ決めかねています。

---

have reservations about ～は「～については留保している」。何かを決定したり、前に進めたりしていくことに対して不安材料があり、首を縦に振れないときに使う表現です。

前後関係によって、「控える」「賛成しかねる」「躊躇する」など、いろいろなニュアンスが考えられます。

✎column

グローバルビジネスの場面では、お互いまったく同じ意見ということはむしろ稀で、何らかの相違点があるのが現実でしょう。

言いたいことはしっかり伝えるとはいっても、ビジネスは大人の世界。相手に対する配慮を忘れず、丁寧に言うことが大切です。

交渉の世界で言われる **polite but firm**（丁寧に、しかし揺るがず）という言葉が、その心構えを簡潔に表しています。

can't agree there

その点は賛成できない

Example

I'm afraid I **can't agree** with you **there**.
その点については賛成できません。

何かに対して反対であることを率直に述べるフレーズです。
議論をしていて、反対すべきときは明確にその意思表示を
しなければなりません。

ポイントは、例文の **there**（その点）のように範囲を絞るこ
とです。

また、**I'm afraid** で始めると丁寧になります。範囲を絞る
には、**with this idea**（このアイディアに対して）、**on that
particular point**（この点だけは）なども OK です。

💬 こんな言い方もできる

I have my own thoughts about that.
それについては自分なりの見解があります。

いくら範囲を絞っても、**cannot agree** とか **disagree** を使
うのは強すぎると感じる場面に適した表現です。
thoughts の代わりに **ideas**、**view**、**perspective** など、い

ずれも自分の（反対）意見を述べるときに使われます。

I agree to disagree.
見解の相違ということにしましょう。

直訳すると「反対することに同意します」。議論がすり合わないときに、お互いが自分の意見を主張して相手を説得しようとするのはやめよう、と申し出るときのフレーズです。

I agree to differ.「直訳：（意見の）違いがあることに同意します」も同様の表現です。
できれば自分からは使いたくないですが、耳にすることもあるフレーズなので覚えておきましょう。

🖊 column

相手の意見に対して反対するときの大原則は、

You don't need to agree, but acknowledge it.
同意する必要はないが、相手の意見を認めよ。

まず相手の意見を認めたうえで、自分の意見を言うことです。
認めるには、**That's a valid point.**（もっともですね）、
I take your point.（おっしゃりたいことはわかります）
などのフレーズを枕詞として使いましょう。相手をなるべく不快にさせないよう努力することをお忘れなく。

outstanding issues

未解決の問題

Example

Shall we clarify the **outstanding issues**?
未解決の問題をはっきりさせましょうか。

相手がなかなか首を縦に振らないときに、未解決の問題を
はっきりさせようと呼びかけるフレーズです。問題点を出
し合って、一つずつつぶしていきたいときにピッタリです。

outstanding には、「未解決の、(負債などが)未払いの」と
いう意味があります。
Some of the work is still outstanding.
といえば、「まだ未処理の仕事があります」。
outstanding debts は「負債残高」です。

🗨 こんな言い方もできる

What's the main sticking point on your part?
御社が引っかかっているのは主にどのような点でしょ
うか?

相手がなかなか同意しないときに、問題点を探るフレーズ。

152

sticking は「くっついている」、つまり、「(心に)留まっている、動かない」。何かが引っかかっているわけですね。話し合いが滞っている中で何らかの解決策を探ろうというときに使ってみてください。

That was an outstanding presentation.
実に素晴らしいプレゼンでしたね。

相手に対し、素晴らしかったことを率直に伝えるフレーズです。**outstanding** には、「卓越・傑出した、実に見事な」という意味があります。他と比べて抜きん出ているニュアンスですね。

She has an outstanding talent in sales. といえば、「彼女は突出した営業の才能を持っています」という意味です。

🖊column

議論をしていて、相手が提案に乗ってこなかったり、なかなか **Yes** と言ってくれなかったりする。しかも理由がはっきりしない。そんなときは、自分に **Be patient.**(我慢せよ)と言い聞かせ、**sticking point** を探ってみましょう。
これには方程式があるわけではありませんので、場数を踏むのが一番かもしれませんね。

different approach

別のアプローチ

Example

Let's try to take a different approach.

別のアプローチの仕方について検討してみましょう。

議論が煮詰まったときに、別の方法を検討してみようと呼びかけるフレーズです。お互いどうしても譲れない一線があり、このままでは結論が出ないまま終わってしまう。そんな悪い流れを何とか変えたいときにピッタリです。
angle（角度）を使った、

Let's see the issue from a different angle.

本件を別の角度から見てみましょう。

も、よく使われます。

💬 こんな言い方もできる

Our approach may be different, but we share the same goal. やり方は違うかもしれませんが、われわれは同じ目標を共有しています。

目指すものは共通であることを確認するフレーズです。意見が食い違っているようでも、最終的に目指すゴールは同

じ。ビジネスではよくあることです。諦める前に、相手の気持ちに訴えてみる手法ですね。もし目指すゴール自体がすり合わないなら、**We share the same value.**（同じ価値観を共有している）と言ってみてはいかがでしょうか。

💬 approach は、こんなふうにも使える！

We've been approached by a sales agent in India.
インドのある販売代理店から接触がありました。

相手からアプローチされたときに使われるフレーズです。**approach** が動詞として使われています。**approach** はもともと「近づいてくる」という意味（**A typhoon is approaching.** 台風が接近してくる）。こちらからではなく、先方からコンタクトしてきたというニュアンスです。

✏ column

> ビジネスはロジック（理屈）と言われますが、それを扱っているのは感情の動物である人間です。「そこを何とか…」といった浪花節的なひと押しは通用しないとしても、ときには情に訴えることも有効です。
> 交渉が決裂しそうなときでも、
>
> 　**We've allocated so much human resources to the project.** これだけの人材資源をプロジェクトにつぎ込みました。
>
> などと粘ってみる価値はあると思います。

wrap up

まとめる

Example

Let's **wrap up** what we've agreed on today.
きょう合意した点について、まとめてみましょう。

ミーティングでの合意点をまとめるフレーズです。この **wrap** の元の意味は「包む、くるむ」。wrapping paper の **wrap** ですね。つまり、**wrap up** は「話全体をくるむ→話をまとめる」となるわけです。この **wrap up** はプレゼンを締めくくるときの定番フレーズでもあります。

To wrap up, there are three points I mentioned today.
まとめると、きょうは3つのポイントをお話ししました。

💬 こんな言い方もできる

Shall we summarize the ideas we've come up with?
浮かんだアイディアについてまとめてみましょうか？

*(米)summarize (英)summarise

まとめるときに **wrap up** と同様に使用頻度が高いのが **summarize**（要約する）。

come up with 〜は、（考えやアイディアが）浮かぶ。

名詞の **summary** も頻出単語です。例文も、

Let's look at the summary of the ideas we've come up with. と言い換えることができます。

> 💬 wrap up は、こんなふうにも使える！

It's freezing outside. Make sure you wrap up warm.

外は冷え込んでいます。温かく着込むのをお忘れなく。

自分の身を包む→洋服などを着込む、というときの **wrap up** の用法で、オフィスで耳にするフレーズです。もちろん、服だけでなく、プレゼントなどを包む、という意味でも使われます。

会社で洒落た包装紙のプレゼントをもらったときなどは、

Thank you for your present. It was beautifully wrapped up. きれいな包装でした。

と言ってみてはいかがでしょうか。

🖋column

> ミーティングでは、全て予定通りに決まるとは限りません。否決された事項もあれば、次回に議論持ち越しとなった事項もあるかもしれません。
>
> それぞれの項目について共通認識を持っておくことは極めて重要です。議事録（**minutes**）を書く人にとっても助かります。

confirm

確認する

Example

Let me confirm the following action points.
今後の課題について確認させてください。

ミーティングで出た課題の担当・期限などを確認するときのフレーズです。**confirm**は「（正しいと）確認する、確かめる」という使用頻度の高い単語。もちろん、レストランやホテルの予約の確認にも使われます。

Can I confirm my booking, please?
予約を確認したいのですが。

> 💬 こんな言い方もできる
>
> **Let's reconfirm the action to be taken.**
> 今後のアクションについて再確認しましょう。
>
> *to be taken 取るべき

reconfirm（再確認する）を使ったフレーズです。
re-は「再び」という意味を表す接頭辞（**reconsider**は「再検討する」）なので、「再確認」となります。

ただ、**confirm** と **reconfirm** の区別はそれほど厳密ではないので、あまり神経質になる必要はないと思います。

> 💬 confirm は、こんなふうにも使える!

I received a written confirmation that they had accepted our offer. 彼らはわれわれの提案を了承したとの確認書類が届きました。

名詞 **confirmation**(確認書)を使ったフレーズです。ホテルやフライトを予約すると送られてくるのも **confirmation**(予約確認書)ですね。確認には、口頭ベースと書類ベースがありますが、前者を **verbal confirmation**、後者を **written confirmation** と区別することがあります。書類ベースは正式な通知のときに使われます。

🖊 column

ミーティングの司会者として意見をまとめたら、やるべきことは、今後の道筋を示すこと。今日話し合ったことがどう展開されるのか説明し、参加者の課題を示します。それが終わったら、いよいよ締めの台詞です。

Thank you for your active participation. We've made a lot of progress today.
積極的なご参加ありがとうございます。今日はたくさんの進展がありました。

などと、労いの言葉で締めましょう。

apologies

欠席届

Example

James can't be here today. He sends his **apologies.**

ジェームスは今日出席できません。欠席の旨、届けが
ありました。

司会者が欠席者を告げるフレーズです。会議の冒頭では、
欠席者がいる場合、参加者にその旨を知らせます。
apology といえば動詞 **apologize**(詫びる)の名詞で「お詫
び」。

apology には、複数形 **apologies** で「(ミーティングの)欠
席(届)」という意味があります。
会議の **minutes**(議事録)では、**attendees**(出席者)、
apologies(欠席者)のように記されます。

💬 こんな言い方もできる

Kathy can't **make it** today. She seems to have an
urgent matter to deal with.

キャシーは今日出席できません。緊急の用があるようです。

make を使って欠席を表すフレーズです。この make it を使って、都合を言い表すことができます。

Can you make it next Monday?
今度の月曜日はご都合よろしいですか？

I'll be off on Monday, but I can make it on Tuesday.
月曜日は休みをいただいていますが、火曜日なら大丈夫です。

💬 apology は、こんなふうにも使える！

I do apologize for being late. I was stuck in a traffic jam.
遅れて本当にすみません。交通渋滞に巻き込まれてしまいました。

*（米）apologize（英）apologise　be stuck 動かない、進まない

apologize は、自分のしたことに対してきちんと詫びるときに使われます。
会議で頭に血が上ってしまったことに対して謝るとしたら、こんな感じです。

I apologize for losing my temper in the meeting.
ミーティングでカッとなってしまって、すみませんでした。

ミーティングを始めるときに困るのは、参加者が揃わないときですね。

同僚から遅刻の伝言を預かってきたときは、

Paul told us to go ahead without him.
ポールから、彼を待たずに始めるよう言われました。

などと言います。

もし司会者なら、

Shall we wait until everyone arrives?
皆が来るまで待ちましょうか？

It's already five past three, so let's get started.
もう3時5分過ぎですね。では、始めましょう。

などと言って、待つか始めるかを決めることになります。

ミーティングで
意見を発信する意味

　どうやってインド人に黙ってもらうか、いかに日本人にしゃべってもらうかが課題——国際会議を運営する関係者は、冗談半分にこう語ります。

　また、イギリス赴任時に、
「ミーティング中の日本人を象徴する3SはSilent, Smiling, Sleeping」
と、皮肉っぽく言われたことがあります。
　いずれも軽く受け流せないコメントですね。

　ミーティングでは、英語を母語としないノンネイティブの人たちも自分の意見を堂々と発信します。
　こう言うと、バリバリのエリートで弁も立つ物怖じしないキャラを想像されるかもしれませんが、いわゆる普通の社員でも同じです。

　彼らの発言をよく聞いていると、英語のレベルは必ずしも高いとはいえず、発言も常にロジカル(論理的)とは限りません。しかし、言いたいことを伝えようという熱意は伝わってきます。
　発言するには、ある程度の英語力は必要でしょう。しかしそれ以前に、伝えたい、言うべきことを言っておくといった

気持ちの点で、われわれは競り負けているのではないでしょうか。

　発言しないと賛成したと思われる、貢献度が低いとみなされる、と言われます。

　しかし、それだけではありません。**「発言しない＝話に興味がない」と解釈される**のです。

　私自身、ロンドンに駐在した当初、静かに聞いていたらそのうちミーティングに呼ばれなくなった苦い経験があります。日系企業ながらアウェイの戦いであることを思い知らされた出来事でした。

　発言によって興味を示すことが、信頼関係構築の第一歩です。

　皆さんも、「何とか発言するんだ」という強い気持ちをぜひ持ってください。そうすれば、自然と英語の勉強にも力が入るでしょう。それが英語上達の近道だと思います。

Chapter 6

依頼・お願いをするときの単語

相手に何かを頼むときは、依頼内容が
明確であることに加え、相手が協力して
くれるよう仕向けなければなりません。
どのような頼み方が効果的なのか、探っ
てみましょう。

available

都合がつく

Example

Are you **available** sometime later this week?
今週後半のどこかで、お時間はありますか?

面談・ミーティングを依頼するときに、相手に都合を聞く
フレーズです。**available** は「(時間・場所などが)空いてい
る」という意味の形容詞。名詞 **availability** を使って、
How is your availability? ご都合はいかがですか?
と聞くこともできます。
また「(場所が)空いている」と言うときは、
We have one single room available.
シングル、一部屋空いております。
のように使われます。

💬 こんな言い方もできる

Can I borrow you for a minute?
ちょっといいですか?

相手にちょっとした質問や相談ごとがあるときに、時間を
取ってもらえるかを聞くフレーズです。**borrow**(借りる)

がこんなふうに使われるわけですね。この文章の後に、
It won't take long.　長くはかかりませんから。
などと続ければ、相手がOKする確率はアップするかもしれません。

> 💬 available は、こんなふうにも使える！

Refreshments are available in the corridor.
軽いスナックと飲みものを廊下にご用意しております。

available には「利用・入手可能な」という意味があります。
例文は、ミーティングやセミナーの司会者が休憩に入る前に発するひと言です。**refreshments**（リフレッシュするもの）は本格的な食事ではなく、ソフトドリンク＋クッキー程度のものです。
The information is now available on our website. と言えば、「情報はホームページで入手可能です」となります。

🖊 column

アポイントが固まっても、変更やキャンセルの必要性に迫られることは日常茶飯事です。
電話やメールで調整するときのポイントは、事情を長々と説明するのではなく、新しい日程の候補を挙げてから、**The reason is...** と理由を簡潔に説明することです。結論を先に言う、という発言の原則は、ここでも当てはまります。

pencil in

仮の予定を入れる

Example

Can I pencil you in for Thursday next week?
とりあえず来週木曜日でいいですか?

仮の予定を入れたいときに、相手に受けてもらうよう依頼するフレーズです。
pencil + 人 + in は「人を鉛筆で書き込む」ですが、鉛筆なら後で消して書き直すことができますね。つまり、変更する可能性があるというニュアンスが含まれています。

💬 こんな言い方もできる

Let's set a provisional date for the next meeting.
次回のミーティング日を仮に決めておきましょう。

provisional(仮の)という形容詞を使って、仮に決めることを示すフレーズです。
仮予約という意味ではこんなふうに使われます。

You can make provisional bookings by phone.
電話で仮予約することができますよ。

John has been penciled in as Richard's replacement, just in case.

念のため、リチャードの代行としてジョンを押さえて
あります。

pencil in は、日程のみならず、代行者を立てておくとき
にも使うことができます。この場合も、仮押さえという意
味は変わりません。

相手に頼む場合は、例文を次のように変えればOKです。

John, can I pencil you in as Richard's replacement?

🖊 column

どうしてもアポイントを直前に変更しなければならな
い —— できれば避けたい状況ですが、よくあること
です。

そんなときに役立つのが last minute（最後の瞬間）、
short notice（短い通知期間）を含む2つのフレーズで
す。

Sorry for the last minute change, but…
Sorry for the short notice, but…

と切り出してみましょう。

いずれも、「直前に申し訳ありませんが…」という決
まり文句です。

remind

思い出させる

Example

Could you remind me to call him after the meeting? ミーティングが終わったら、彼に電話する件、リマインドしてもらえますか?

何かを忘れないように注意を喚起してもらうよう依頼するときのフレーズです。remindは「(人に)思い出させる、注意する」(p088参照)。
日常会話では、こんなコメントも耳にします。
That reminds me of my trip to Russia.
それで、ロシアへの出張を思い出しました。

💬 こんな言い方もできる

Please make me aware of the dinner during the afternoon. 午後に、夕食の件、忘れないようにリマインドしてください。

make awareを使ったフレーズです。make + 人 + awareは、直訳すると「人をわかっている状態にする」ですから、「意識させる」という意味になります。

Their attitude made us aware that they were not interested. 彼らが興味を持っていないのは、彼らの態度からわかりました。

Could you email a reminder about the client dinner? 顧客との会食のリマインダーをメールしてもらえますか?

reminder(気づくよう連絡するもの)を使った用法です。「注意喚起」とはいっても、ここではイエローカードのような警告ではなく、忘れている人がいたら困ることを思い出させるのが目的です。こんなメールも同じ意味ですね。**This is just a reminder that the reception begins at 6 p.m. this evening.** 今晩6時にパーティが始まることを念のためお知らせします。

🖊 column

この remind、reminder は、そのときの使われ方によって微妙にニュアンスも変化するので、日本語に訳しにくい言葉です。例えば、

May I remind you to make the payment today? は、「今日忘れずに支払ってくださいよ」という催促に近いニュアンスを含むときがあります。

言葉は生き物です。日本語訳の型にはめるのではなく、前後関係でニュアンスを判断するよう心がけましょう。

input

意見、アイディア

Example

I'd like to **have your input** for a flyer.

チラシのアイディアをいただきたいのですが。

相手にアイディアや意見などのアドバイスを依頼するときのフレーズです。魅力的な提案書や充実した資料を作るために同僚の知恵を拝借したいということはよくありますね。**flyer**は紙一枚のいわゆる「チラシ」。同じ資料でも小冊子のものは通常**brochure**といいます。

💬 こんな言い方もできる

It would be great if you could **help me with** presentation materials.　プレゼン資料の作成を手伝っていただけるとありがたいです。

協力を依頼するときには欠かせない**help**を使った言い方です。依頼事項をもっとはっきりさせるために**prepare**を加えて **help** me prepare presentation materials と言ってもいいですね。**help**を使ったフレーズはいろいろとありますが、ミーティングでお菓子などを出すときのひと言、

Please help yourself to a biscuit.
よろしかったらクッキーをどうぞ。
は、覚えておくと便利です。

> 💬 input は、こんなふうにも使える!

Could you input this announcement to the 'Latest News' section of our website? このお知らせを、ホームページの「新着情報」欄に入力してもらえますか?

input は「(データを)入力する」という意味の動詞として使われます。PCでエクセルの表にデータを入力するなら、
input the data to the spreadsheet.
「入力された」という場合は以下です。
The information is input to our website.
その情報はホームページに入力されました。

🖋 column

社内で仕事を手伝ってくれる同僚がいると心強いですね。それには普段からの人間関係を築いておくことですが、やはり基本は give and take(持ちつ持たれつ)。こちらから give するといっても仕事ではなかなか…という場合は、相手にとって有益な情報を提供できないか考えてみたらどうでしょう。日本のこと、自分の会社や業界のこと、日本語など、相手がありがたいと思う情報はどこかにあるはずです。

check

調べる

Example ——————

Could you **check** these receipts **against** this spreadsheet?

この領収書とこの表(スプレッドシート)を、照合してもらえますか?

チェックや調査を依頼するときのフレーズです。
check は日本語にもなっていますが、いろいろな使い方があります。例文は **check A against B** で「A と B を照合する」。**check** the agreement **for** typos. は「契約書にスペルミスがないかを見直す」(typo スペルミス)、**check with** your customer なら「顧客に確認する」となります。

💬 こんな言い方もできる

Could you explore the possibility of taking over the company? その会社を買収する可能性について調べてもらえますか?

explore は詳しく調査したり考えたりするときに使われる単語です。

I'm going to **explore** opportunities of working in Singapore. シンガポールで働く機会を探しています。

💬 check は、こんなふうにも使える！

Please double-check the data to make absolutely sure. 絶対に間違いのないよう、データをもう一度チェックしてください。

double-check は文字通り「二重にチェックする」。作成したものに間違いがないように、慎重を期して二重点検することです。普通は、別の人が違う目でチェックすることを指すことが多いです。

Let's double-check for accuracy.

正確性を期すためにもう一度チェックしましょう。

✐ column

日本の仕事に求める **accuracy**（正確性）は、世界でもまれな部類に属するのではないかと思います。新幹線や大都市の定刻発車の状況を見て、外国人は目を丸くします。正確性が問われる仕事では、ちょっとしたミスでも減点対象となりますが、外国では **Human make mistakes.**（人間はミスをするものだ）という発想があり、ミスには寛容なところがあります。仕事をするにも、こうした文化の違いを頭に入れておくことは大切ですね。

wonder

〜していただけるとありがたい

Example

I wonder if you could come to the reception for our 50th anniversary.

設立50周年パーティに来ていただけると嬉しいです。

何かを丁寧に依頼するときのフレーズです。
wonderは自分として確信が持てないというニュアンスの単語です。こういうことを頼んでいいのかどうかわからないけど…という気持ちを表すことができます。

💬 こんな言い方もできる

We would be pleased if you could consider our proposal.

弊社の提案書をご検討いただけると幸いです。

「もし〜なら嬉しい」という言い回しです。
pleasedは挨拶の決まり文句 **Pleased** to meet you.（お会いできて嬉しいです）の pleased（喜んで、満足して）です。
I'm very **pleased with** your work.
君の仕事に満足している。

No wonder your staff look so happy.

従業員の方々が喜んでおられるのも不思議ではありません。

ある事実の背景を聞いて納得感を示すフレーズです。
wonder（名詞）は「驚き、驚嘆」。
No wonder の前に **It is** が省略されているので、**It is no wonder why ～** は「なぜ～なのかは驚きではない→驚くに当たらない」となります。

同様の表現に、**It's not surprising ～**（～は驚きではない）があります。

column

ビジネス英語では **politeness**（丁寧であること）が重要ですが、**wonder** を使ったフレーズは、

　①**I wonder**
→②**I'm wondering**
→③**I was wondering**

の順に丁寧になると言われています。
とはいっても、①でも十分丁寧なので神経質になる必要はありません。それよりも、相手が依頼内容をどう受け止めるかの方が、よほど重要です。

work out

計算する

Example ——————————

Please work out the numbers and see whether the plan is feasible.

計画が実行可能かどうかを計算してみてください。

必要とする数値を算出するよう依頼したいときに使われるフレーズです。手元のデータをもとに数字をはじいてみる感じです。

We'll have to work out how many beverages we need for the reception.

パーティにどのくらい飲み物が必要かを計算してもらえますか。

*beverage 飲料

💬 こんな言い方もできる

Could you calculate the cost involved?

それに関わるコストを計算してもらえますか？

calculate（計算する）を使ったストレートな言い回しです。この **calculate** も、単純計算ではなく、データをもとに必要な数字を出す感じです。

I'm trying to **calculate** the total cost of the investment.
投資の総コストを計算しようとしています。

💬 work out は、こんなふうにも使える！

We've worked out a revised proposal.

修正案を検討してみました。

work out の本来の意味である「見つけ出す、解決する」の
用法です。うまくいくかどうかを考えながら解決法を見出
していく、というニュアンスですね。

**We worked out a revised plan by incorporating their
request.**
彼らのリクエストを加味して修正計画を検討しました。

🖊column

ビジネスである以上、数字を無視して物事を進めるこ
とはできませんね。英語と日本語では桁数の切り方が
違うので混乱しがちです。
まずは基本を頭に入れましょう。

1000	**one thousand**
100万	**one million**
1億	**hundred million**
10億	**one billion**
1兆	**one trillion**（ここで初めて1と**one**が一致）

keep an eye

動向を注視する、見守る

Example

Please keep an eye on the financial market.
金融市場の動向を注視してください。

注意深く見守るように喚起するフレーズです。**keep an eye on** は「注意しながら今後の動きを見る」という意味です。

Let's keep an eye on what's going on in Europe.
ヨーロッパの動向を注視しましょう。

💬 こんな言い方もできる

I'd like to ask you to monitor the situation closely.
状況を注意深く見守るようお願いします。

monitor を使って、注意深く観察することを依頼するフレーズです。**monitor** は「（絶えず）監視する」という意味です。

We need a good system for monitoring what's going on.
何が起こっているかを監視する、良いシステムが必要です。

It's a tough deal to negotiate. **Keep your fingers crossed.**

それは交渉の厳しい取引です。幸運を祈ってください。

Keep your fingers crossed. は、相手にうまくいくよう祈ってもらうときのフレーズです。「あなたの指を交差させた状態にしてください」という意味で、人差し指と中指を交差するジェスチャーをします。

自分が相手の幸運を祈るときは、 I'll **keep my fingers crossed**. と言います。

✐column

幸運を祈るときの **keep your fingers crossed.** は、世界の様々な地域で使われます。こうしたおまじないは地域性が強いので、わからなければその場で聞いて覚えればいいと思います。

例えば、イギリスでは **touch wood** とよく言います（米国では **knock on wood**）。幸運なことについて話した後に、それがうまくいくよう、机などの木製品に手で触る仕草をするのです。

The contract will be signed tomorrow, touch wood.

明日、契約書にサインします。うまくいきますように。

narrow down

絞る

Example

Can you **narrow** the candidates **down** to three for the next round of interview?

次のラウンドの面接に向けて候補者を3人に絞ってもらえますか？

人数を絞るときによく使われるフレーズです。
narrow down は可能性や選択肢を絞り込んだり、狭めたりするときに使われます。**narrow** + 物 + **down**、または **narrow down** + 物、の形を取ります。

Let's **narrow down** our target area to two.
重点目標地域を2つに絞りましょう。

💬 こんな言い方もできる

Let's **cherry-pick** a couple of firms in the industry.
この業界の中から数社を厳選しましょう。

数ある候補の中から厳選していいものを選ぶときに使われるフレーズです。**cherry-pick** は、たくさんあるさくらんぼ

の中から美味しそうなものを選ぶ、というニュアンスです。
pick and choose とともによく耳にします。

The operating loss narrowed to 100 million yen last month. 営業損失は先月１億円に縮小しました。

動詞 **narrow** を使った用法です。「狭まる、縮小する」という意味で、金額の差額などが縮小するときに使われます。

We didn't think the profit margin narrowed that much. 利益率がこれほど縮小するとは思いませんでした。

(利益率：売り上げに対する利益の割合)

📝 column

採用面接では、業務知識や実績といった hard skill（技術・技能面）と人間としての soft skill（行動面・資質）が見られます。ソフトスキルでは、
determination and enthusiasm（決意・情熱）
interpersonal skills（対人関係）
adaptability to the organization（組織への適応性）
などが重要と言われます。
突き詰めると、候補者が入社してうまくやっていけるか、ということですが、これは世界共通といえそうですね。

benefit

利益、有益であること

Example

The merger will be of benefit to both companies.

合併は両社にとって利益となるでしょう。

相手に検討を依頼するときにアピール材料を強調するフレーズです。benefitは「利益、利点」(名詞)。動詞のbenefit(有益である)で表現すると、

Both companies will **benefit from** the merger.

また、形容詞beneficial (有益な) を使うと、

The merger will **be beneficial** to both companies.

となります。

💬 こんな言い方もできる

This state-of-the-art technology gives us a big **advantage**. この最新鋭の技術はわが社の強みです。

advantageは「強み、長所、有利な点」。テニスのdeuce (デュース 40-40) の後のadvantage (アドバンテージ) も、あ

と1ポイントですから「有利」なわけですね。
形容詞 **advantageous** も同様に使われます。

We're in an advantageous position.
わが社は優位な位置にいます。

💬 benefit は、こんなふうにも使える！

Let me outline the employee benefits.
従業員の福利厚生面の概略を説明させていただきます。

employee benefits（または **fringe benefits**）は、いわゆる福利厚生のことです。

具体的には、**health insurance**（健康保険）、**retirement benefits**（退職金）、**pension**（年金）などを指します。

🖊column

交渉の過程で相手がなかなか納得しない場合、
Please understand.（どうか、ご理解ください）
などと頭を下げても効果は殆どありません。
言うのは簡単ですが、相手にとっての **benefit** をあくまでロジカルに説明したうえで、それが両社にとって最適だ、というアプローチでトライしてみることが大切です。

firm up

(内容を)固める

Example

Could you **firm up** our counter-offer?
われわれの対案を固めてもらえますか？

*counter-offer: (提案を断った側からの)対案、逆提案

正式な書類や提案を作るよう依頼するときのフレーズです。firm（動詞）には「きつく張った状態にする」という意味があり、そこから「（条件や内容を）固めていく」となります。

We're hoping to firm up the deal by the end of the month.
月末までに取引条件を詰められればと思います。

💬 こんな言い方もできる

Could you finalize the details with your management?

役員の方と詳細を最終的に決めていただけますか？

*(米)finalize (英)finalise

finalize（最終決定する）を使った言い回しです。計画、取引条件、日程など、何かを最終的に決めるときに使われます。

Let's **finalize** the dates and venue for the seminar.
セミナーの日程と会場を最終決定しましょう。

💬 firm は、こんなふうにも使える！

The proposal is indicative, but we're happy so give you a firm offer.

これは仮提案ですが、よろしければ正式にご提案させていただきます。

firm（形容詞）を使ったフレーズです。
提案には、**indicative offer**（仮提案）と **firm offer**（正式提案）があります。**firm** は「（質の）堅い、しっかりした」ですから、そこから「正式な」という意味が出てきます。

column

ビジネス交渉は **win-win**（お互いが「勝った」と言える状態）が望ましいと言われますが、お互い自分の会社の利害を背負っているだけに、一筋縄には行かないのが普通です。

きれいごとに聞こえるかもしれませんが、大切なのは、相手との信頼関係を築こうという姿勢なのではないでしょうか。表面上は **win-win** に見えても、相手の立場を十分考慮せずに強引に押し切った取引の寿命は、意外に短いかもしれません。

deal

（問題を）処理する

Example

I'd like you to **deal with** the issue urgently.

本件については至急ご処理ください。

問題などの処理を依頼するフレーズです。deal with 〜 は
「（問題などを）処理する」。

We need to deal with these issues before launching the product.

といえば「商品発売前にこれらの問題を片付けなければなりません」（launch　世に送り出す→発売する）。

deal with の後に人が来る場合も同様です。

You're good at **dealing with** demanding customers.

要求レベルの高い顧客を扱うのが上手ですね。

💬 こんな言い方もできる

We need this issue to be **sorted out** by the end of the day.

今日中に本件を解決していただく必要があります。

sort は「(順に)並べる、分類する」。

sort the invitation list alphabetically は「招待状をアルファベット順に並べる」。

これに **out** がつくと、「出る」、つまり「解決する」ニュアンスが加わります。

sort out the schedule は「スケジュールの問題を解決する」となります。

> 💬 deal は、こんなふうにも使える！

Which banks do you deal with?

どの銀行と取引されているのですか？

deal にはもともと名詞として「取引」、動詞として「取引する」という意味があり、例文は後者の例です。

例えば、

The manufacturing company deals directly with retailers. は、「そのメーカーは直接小売業者と取引しています」。

つまり、卸売業者（**wholesaler**）を通さずに小売業者（**retailer**）に直接販売しているわけですね。

🖊 column

苦情（**complaints**）は、言う方も言われる方もあまり気持ちのいいものではありません。

外国の商売相手に苦情を言った場合、相手がなかなか謝らず、非を認めずに言い訳をして**defensive**（守勢の：自分を守ろうとする）になることも少なくありません。

こんなときは、どうやったら相手が動いてくれるかを考えましょう。動いてくれればこちらの勝ちと割り切ることですね。

なお、日本語では苦情のことを「クレーム」といいますが、英語の**claim**は「要求する・主張する」という別の意味になります。

「人間的な総合力」とは何か

外国人から一目置かれるには、どうすればいいのか
——企業で講演をしていると、よくこんな質問が飛んできます。
「人間的な総合力です」と言っても漠然としていますね。具体的に考えてみましょう。

まず仕事面では、**専門分野の実績があり、業務知識が豊富**なことです。

外国では、スキルを磨きながらキャリアップを図っていきますから、自分の付加価値を上げるのに、情報・ノウハウや刺激を与えてくれる人が求められます。

上司の場合には、日本的な叱咤激励ではなく、仕事に対して良い点、改善点について具体的なフィードバックをしながら自信をつけさせ、精神的にも成長するようなアドバイスをくれる人が尊敬されるのではないかと思います。

次に、コミュニケーションの取り方については、**自分の意見や信念を、ロジカルに説得力を持って説明できる**ことが必要です。

例えば、

I can say from my experience that the project is feasible.

経験則では、このプロジェクトは実行可能だと言える。

　というのは、直感的に聞こえてしまいます。

　説得力を持たせるには、

「自分のこういう経験からこういうことが言える」

　⇒「だから実行可能だ」

　というように、筋道を立てて言うことが必要です。

　さらに、**ひとりの人間として人格が優れている**こと。社員に対するrespect(尊重・敬意)がなく、権力や権限を振りかざす人は軽蔑されます。

　人前で怒鳴りつけるなどというのはレッドカードですね。

　こうして考えていくと、**人間力というのは、世界共通な部分が多い**のではないでしょうか。

Chapter 7

断るとき、断られたときの単語

相手の依頼を断る。逆に、断られたとき
にもう一押しする。いずれも難しい舵取
りが求められます。次につながる方法に
ついて検討してみましょう。

not comfortable

安心できない

Example

I'm still **not comfortable with** the funding risk.

資金調達リスクについて、まだ安心していません。

*funding 必要な資金の調達

人の意見や提案・決定事項などに対して十分安心・納得できている状態ではないことを伝えるフレーズです。

comfortableはもともと「快適な」という意味で、**comfortable living room**（快適な居間）のように使われます。

そこから転じて、意見や提案に対して安心している、納得感がある、引っかかるところがないというニュアンスで使われます。もし心配ならこう言います。

I'm not comfortable with it. 安心できませんね。

💬 こんな言い方もできる

I'm a bit **worried about** the long-term funding.

長期の資金調達について少し心配しています。

*funding 資金調達、long-term 長期の

おなじみ **be worried**（心配している）を使ったフレーズです。心配しているというストレートな言い方ですが、**a bit**（少しだけ）と付け加えることで、トーンを和らげることができます。物事を主語にして形容詞 **worrying**（心配させる）を使って言うこともできます。

It's a worrying situation. それは心配な状況です。

> 💬 comfortable は、こんなふうにも使える！

Make yourself comfortable while I get you a coffee.
コーヒーを取りに行く間、くつろいでいてください。

くつろいでいてほしいときの決まり文句です。
comfortable の元来の用法で、「快適な、くつろいだ」の意で、直訳すると「自分自身を快適にする」となります。
Make yourself at home. と同じ意味です。

✐column

comfortable は使用範囲の広い単語です。**comfortable office**（快適なオフィス）、**comfortable person**（付き合いやすい人）、**comfortable clothes**（着心地のいい服）、**comfortable thought**（気楽な考え）、**comfortable salary**（満足のいく給料）、試合などで **comfortable lead**（十分なリード）などなど。
こうしてみていくと、共通のニュアンスとして「安心感」「快適さ」が浮かび上がってきますね。

not straightforward

簡単ではない

Example

The issue is not so **straightforward**.
それほど簡単な話ではありません。

協力を依頼されたときに、「そう簡単・単純な話ではない」
と言って押し戻すフレーズです。
straightforward は straight（まっすぐな）と forward（前に）
が合体した単語で、「簡単な、わかりやすい、複雑でない」
という意味を持っています。

💬 こんな言い方もできる

It's a bit **too complicated**.
ちょっと複雑すぎますね。

状況が複雑である、わかりにくいことを指摘するフレーズ
です。何かの問題について話をするときによく使われます。

Let's solve the issue quickly before it gets too **complicated**.
状況が複雑になりすぎないうちに、問題を早く解決しまし
ょう。

It's a pretty straightforward question.

それはとてもわかりやすい質問ですね。

質問に対して「ストレートでわかりやすい」とコメントするフレーズです。

straightforward は肯定形として「簡単な、わかりやすい」という意味で使われています。

The directions to the hotel are very straightforward.

ホテルまでの道順は、とてもわかりやすいです。

🖊column

仕事を依頼する側は、基本的に自分たちの立場で頼んでくるもので、こちらの事情を知らないこともよくあります。

相手は「すぐ、簡単にやってもらえる」と思っていても、こちらにとっては「関係者間の調整が必要で、簡単ではない」といったケースはよくあります。

そんなときは、相手が考えるほどシンプルではないことをしっかり伝え、無理なときは無理だと言いましょう。

decline

見送る

Example

I'm afraid we need to **decline** the offer this time.

残念ですが、今回はご提案を見送らせていただきます。

相手の提案やプロジェクト参加打診に対して、今回は見送ると言うときのフレーズです。declineには「謝絶する、却下する」という意味があります。

I'm afraid I need to decline your kind invitation to dinner. 残念ですが、せっかくの夕食のお誘いをお断りしなければなりません。

💬 こんな言い方もできる

We'd like to take it, but I'm afraid it's not just possible.
お受けしたいとは思いますが、残念ながらちょっと無理です。

declineという言葉の代わりにnot possibleを使ったものです。間にjustを挟むことによって、「ちょっと…」という柔らかさを出すことができます。また、**I'm afraid...** とい

う文章はそれだけで十分丁寧ですが、さらに前半に **We'd like to take it** を加え、非常に丁重な断り方となっています。

> ### 💬 decline は、こんなふうにも使える！

The company's performance started to decline in the second half of this financial year. 会社のパフォーマンスは今年度下半期から下り坂になりました。

経済全般についても使うことができます。

There is a sign that the emerging economies have begun to decline. 新興諸国の経済が下降局面に入った兆候があります。

🖊 column

断るときの例文では **I'm afraid** を使ってきましたが、「**I'm sorry** は使わないのか？」と思った方もいるかもしれませんね。結論から言うと、自分が悪くない限り、**sorry** と言う必要はないと思います。**sorry** の使い方は主に3つ。

(1) 人にぶつかったときなど：**Sorry!**

(2) 相手が気の毒な状況のとき：**I'm sorry to hear that.**

(3) 自分に非があるとき（責任を取る覚悟）：**We're sorry for the late shipment.**（出荷の遅れに対して）

翻って、案件への謝絶は自分に非があるわけではないので **sorry** と言う必要はないのです。"すみません＝**sorry**"の連想からつい言いたくなりますが、ビジネスでは気を付けた方がいいでしょう。

tied up

手が離せない

Example

I'm **tied up with** meetings all day.
終日ミーティングが入っていて手が離せません。

何かを頼まれたときに「手が離せない、今は時間がない」
とコメントするときのフレーズです。

tie someone up は「誰かを縛る・拘束する」という意味です
から、**be tied up** で「縛られて」。仕事で使うと、あること
で身動きが取れないほど忙しい状態を示すことができます。

He's tied up with the new project.
彼は新たなプロジェクトでずっと忙しいです。

💬 こんな言い方もできる

I'm afraid I have **something else** to do.
すみませんが、他にやることがあります。

「他にやることがあって今は時間がとれない」と言うフレ
ーズです。**something else** の代わりに、いろいろなバリ
エーションが考えられます。I have other priorities.（他に
優先順位の高いものがある）、I have an urgent matter to

sort out.（片づけなければならない緊急案件があります）、どれもストレートですが理由をはっきり述べているので失礼ではありません。

💬 tied up は、こんなふうにも使える！

We're going to tie up with one of our competitors to win the global competition.
グローバルな競争に打ち勝つために、わが社は競合会社の1社と提携します。

「提携する」という意味の **tie up**（動詞）を使った文章です。
日本語でもタイアップ（提携・協力）と言いますね。
tie-up という名詞もよく使われます。
The tie-up between the two companies would create a giant in the industry. ２社の提携で、業界に巨大な企業が誕生することになります。

🖊 column

相手に助けを求められたときに断るのは、心情的にも抵抗があるものです。本当はできない可能性が高いのに、**I'll see what I can do.**（できるだけやってみます）と言って受けてしまい、結局できないということになれば、相手を失望させてしまいます。はっきりモノを言う文化の中では、できないときははっきりそう伝えるべきです。大事なのは理由をちゃんと添えることです。

if it helps

それでよければ

Example

I could check the first section, if it helps.
最初の部分でよければ、チェックできますけど。

仕事を頼まれたときに、自分ができる範囲を示すフレーズ
です。レポートをチェックしてほしいと頼まれて、全部見
直す時間はないが一部だったら…という状況のときに、こ
のように言うことができます。
if it helps (you) は、「もしそれがあなたの助けになるなら」
という意味で、それでは意味がないなら仕方ないけど…と
いうニュアンスを含んでいます。

💬 こんな言い方もできる

**I could do it by tomorrow afternoon, if it's OK with
you.** 明日の午後まででいいなら、できますけど。

できる時限を示して、それでもいいかを打診する文です。
by the end of the day（今日中）とか **by early afternoon**（午
後一番までに）といった、相手が示した期限には間に合わ
ないときには、このように提案するのも一案。

Let me know if I can be of help to you.

何かお手伝いできることがあったら、言ってください。

名詞 help を使った **be of help to 〜**（〜を手伝う、〜の助けになる）というフレーズで、協力姿勢を示した文です。

何かを手伝ってくれた人に対しては、

You've been a great help. おかげさまで助かりました。

と一声かけましょう。

🖊 column

> ここでは2つのパターンの例文を示しました。
> ・期限重視で、一部ならできると言う。
> ・全部やることを前提に、期限延長について聞く。
> いずれも、何ができて何ができないかを具体的に示し、はっきりさせていますね。仕事を頼まれたときは、その点を曖昧にしないことが大切です。
> もし少しでも協力することが難しいなら、
>
> **I hope you find someone who could help you.**
> 誰か手伝ってくれる人が見つかるといいですね。
> **I hope I can help you next time.**
> 次回はお手伝いできればと思います。
>
> と言って、協力したいけど今回は…という気持ちを表してみましょう。

conflict

重複

Example

I have a **conflict with** another appointment on Wednesday.

水曜日は他のアポイントと重なってしまいます。

先方が提案したアポイントの時間帯は無理であることを説明する文章です。この conflict は「(利害などの)対立・衝突」という元の意味の延長線上にあります。

I noticed a **conflict** in the dates of the two meetings.

2つのミーティングの日がぶつかっていることに気づきました。

💬 こんな言い方もできる

Your suggested time clashes with the weekly team meeting. ご提案の時間は、週次チームミーティングと重なってしまいます。

「(2つの対立するものが)ぶつかる・衝突する」という意味の clash を用いた言い回しです。

例えば、デモ隊と警察が衝突するときにはこの clash が使

われます（**clashes between demonstrators and police**）。

There is a conflict between work and private.

仕事と私生活の間に葛藤があります。

conflict が「（心理的な）葛藤や矛盾」という意味で使われた文です。**work-life balance**（ワークライフバランス）がなかなか取れない状況を指して、**work-life conflict**（仕事と私生活の両立の葛藤・矛盾）という言葉もあります。

🖋 column

「こんな言い方もできる」のところで **clash** という単語について説明しましたが、まぎらわしい単語に **crash** があります。

crash は、（ガチャンと音を立てて）ぶつかる・崩れる、（商売などが）つぶれる、（相場などが）急落するという意味を持つ単語。例えば、**car crash**（車の事故）、**plane crash**（飛行機事故）、また、**stock market crash**（株式市場の暴落）といった感じです。

混同しないよう注意する必要があるものの、あまり神経質になる必要はありません。万が一 **crash** と言って通じなかったら **clash** と言ってみる。それで通じればよしとする——ビジネスは英語のテストではないのですから、そのくらいの気持ちの余裕を持ちたいものです。

flexible

柔軟な

Example —

We can be flexible about the length of the contract.

契約期間については柔軟に対応できます。

提示した条件に対して相手が難色を示したときに、こちらが譲歩できる点についてコメントするフレーズです。
flexible は flexible working hours（フレックスタイム）からイメージできるように「柔軟な、融通の利く」といった意味です。

We should take a more flexible approach based on customers' needs.

顧客のニーズに合わせてもっと柔軟な対応を取るべきです。

💬 こんな言い方もできる

We may be able to adjust the payment condition.

支払い条件を調整できるかもしれません。

adjust（調節する、合わせる、直す）を使った文章です。
adjust the volume of music（音楽の音量を調整する）から

わかるように、**adjust**は調節したり整えたりすることです。
We can still **adjust** our differences.
まだ双方の違いを調整することができます。

> 💬 flexible は、こんなふうにも使える！

The finance department has shown flexibility in budget.

経理部は予算に関して柔軟な姿勢を示しました。

flexibility を使った文です。flexibility には「柔軟性、適応性、融通性」といった意味があります。状況に応じて対応できるということですね。

The lawyer showed some flexibility in interpreting the clause.

弁護士は、その条項の解釈についてある程度の柔軟性を示しました。

🖊column

交渉の世界でよく言われるのは、

> **Don't make concessions. Trade them.**
>
> 譲歩するな。取引をしろ。

「そんな無茶な」と思いますが、「何らかの譲歩をする場合は、相手にも何らかの譲歩をさせよ」という意味です。「一方的な譲歩はするな」ということですね。
言われてみれば、もっともなことではないでしょうか。

make sense

もっともだ

Example

It **makes** complete **sense** to me.
おっしゃることはよくわかります。

先方の考えを受け止めたことを伝えるフレーズです。こちらの依頼を断ったり、提案に反対されたりしたときに有効です。sense は「良識、判断、意味」。make sense は、良識的判断である、つまり「もっともである」となります。ミーティングでは、こんなコメントが飛び出すことも。

It makes sense to withdraw from that market.
あの市場から撤退するのは良識的な判断だと思います。

*withdraw from〜　〜から撤退する

💬 こんな言い方もできる

I can **understand** why you would see it that way.
どうしてそのようにお考えかは理解できます。

understand を使って相手の意見を受け止めるときのフレーズです。understand は「理解する」ですから、agree（賛

成する）とは違います。まずは相手のボールをキャッチするのに便利です。

I totally understand your point.

おっしゃっている点は全てわかります。

💬 sense は、こんなふうにも使える！

In a sense, cultural differences can be a burden.

ある意味では、文化の違いは重荷かもしれません。

---

in a sense は、状況や発言について、そう解釈することもできる、というときに使われるフレーズです。相手の解釈を認めるときに使われます。

It may be true in a general sense.

一般的な意味では、それは正しいと言えるかもしれません。

🖊column

> 「日本人が **Yes, yes...** と言って首を縦に振ってうなずくのは **I agree** と勘違いされるので気をつけるべきである」と言われます。確かにあまり **Yes** と言ってうなずく回数が多いのは奇妙に映りますが、それほど気にする必要はないと思います。
>
> むしろもっと大切なのは、どの部分は納得できて、どの部分が賛同できないかをはっきり伝えること。それには、相手の言い分をじっくり聞き、まず受け止めることから始めることが大事です。

alternative

別の

Example

Could I make an **alternative** suggestion?
代案を出してよろしいでしょうか？

ある提案・提言が受け入れられなかったときに、別の提案をしたいと申し出る文章です。**alternative** は「もうひとつの、他に取り得る」という意味で、二者択一の場合に使われます。投資先の話をしていると、

The alternative to the Czech Republic is Poland.
チェコ以外の選択肢はポーランドです。
といった会話が交わされます。

💬 こんな言い方もできる

If you could reconsider our revised proposal, that would be great. もしわれわれの修正案を再検討いただけたら、大変ありがたく存じます。

当初の案を断られたときに、別の提案の検討を依頼する文章です。**consider**（検討する）に、**re-**（再び）の接頭辞がついて **reconsider**（再検討する）となります。

Is there any room to reconsider our proposal?
われわれの提案を再検討する余地はありますでしょうか？
などと聞いてみてもいいでしょう。

💬 alternative は、こんなふうにも使える！

We can stay in the city center. Alternatively, we can book a hotel close to the airport.
市街に泊まることができます。あるいは、空港の近くのホテルを予約することもできますよ。

*(米)center（英）centre

alternatively（副詞）を使って別の選択肢を示す方法です。
2つの選択肢を **alternatively** がつなぐ格好になります。
We can have a meeting here. Alternatively, I can go to your office. ここでミーティングをしてもいいですし、あるいは、私が御社に行ってもいいですよ。

🖊column

> 提案が断られたとき、あるいは相手に刺さらないときは、次のステップとして代案を提示しなければ、**That's the end of the story.** それで終わってしまいますね。
> 断られたり、相手が乗ってこなかったりするときは、意気消沈しがちですが、スイッチを切り替えて、代案を考えるための材料、つまり相手の要望をしっかり聞き込んでおきたいですね。

move forward

前進させる

Example

Shall we discuss how we can **move** this **forward**?

本件をどのように前に進めるかを話し合いませんか?

「今後の進め方について話し合おう」と持ちかけるフレーズです。**move**(動かす)+ **forward**(前方へ)。どちらか、またはお互いが譲らないために前に進まなくなったときに、一歩前に進めようという姿勢ですね。

💬 こんな言い方もできる

Let's discuss whether we can meet halfway.
お互い譲歩できるかどうか話し合いましょう。

譲歩することによって前に進めようとする言い回しです。

meet halfway は「中間地点で会う」ですから、それぞれの要望を一部取り入れながらも、譲るところは譲り合って着地点を探ることです。

Going forward, we'll try to be more transparent.

今後は、もっと透明性を高めるよう努力します。

*transparent 透明性の高い

今後についてコメントするときに使われるフレーズです。

going forwardは「今後、この先」という意味で、これから先のことについて語るときに使われます。

透明性（**transparency**）とは、組織の意思決定過程の見えやすさのこと。

🖊column

議論の過程で、**We are stuck**（行き詰まっている）という状態のときは、お互いが感情的に熱くなっているか、疲弊していることが多いので、**constructive proposal**（建設的な提案）はなかなか出てこないものです。

しかし、議論は前に進めなければ出口は見えてきません。

こういうときに**move forward**（前進する）という言葉を聞くと、「よし、前に進まなければ」と思うものです。

ちょっとした言葉遣いがムードを変えることすらあるのです。

one last chance

最後のチャンス

Example

Would you consider giving us **one last chance**?

最後にもう一度チャンスをいただけないでしょうか？

もう一度チャンスをもらえないか粘ってみるフレーズです。提案をして相手が断ってきたときに、引き下がらずにもう一度提案の機会をもらうよう踏ん張ってみるときに使われます。

one last は「最後にもう一度でいいから」というニュアンスです。

💬 こんな言い方もできる

If you could give us a **second chance**, we would try our best to meet your request as much as possible.

もしもう一度チャンスをいただけるのであれば、できる限りご要望に沿うよう最善を尽くします。

one last chance と同様の表現に **second chance** があります。「2度目のチャンス」ですから、敗者復活でしょうか。

We were given a second chance to give a presentation.
プレゼンを行う2度目のチャンスを与えられました。

💬 chance は、こんなふうにも使える！

This is the chance of a lifetime.
これは千載一遇のチャンスです。

大きなチャンスが巡ってきたときに発するひと言です。「人生に一度のチャンス」ですね。

似た表現に a chance in a million（100万回に一度のチャンス）があります。
こんなときは、
We shouldn't miss this great opportunity.
こんな素晴らしい機会を逃すべきではないですよ。
などと熱く語りましょう！

🖊 column

営業パーソンとしては、一度断られたくらいで引き下がっていてはダメですね。外国人相手のビジネスはロジック（理屈）が大切とはいっても、関わっているのは人間です。最後は感情に動かされることもあります。熱意（**enthusiasm**）を見せて失うものはないのですから、相手の目をしっかり見て、堂々と大きな声で言ってみましょう。

outside the scope

範囲外

Example

I'm afraid it's **outside the scope** of my responsibilities.

悪いけど、私の仕事の範囲を超えてしまいます。

仕事を頼まれたとき、「自分の担当領域ではない」と言って断るときのフレーズです。

scope は（活動範囲や知識の）範囲・領域を指します。

outside の代わりに beyond を使うこともできます。

プレゼンで守備範囲以外の質問が来たときも同じように言うことができます。

It's **beyond the scope** of my presentation.

それはプレゼンの範囲を超えています。

💬 こんな言い方もできる

I'm **not covering** that area.

私の管轄ではありません。

cover が「（領域を）含む、取り扱う」という意味で使われて

いる文です。自分の仕事の範囲外であると伝えています。
誰かが不在となるときは、こんな発言を耳にします。

Jane is covering for me while I'm away.
私が不在中はジェーンが引き継いでくれます。

💬 scope は、こんなふうにも使える！

Why don't we broaden the scope of the research and look at the country's overall economy?
調査の範囲を広げて、その国の経済全般を見たらどうでしょうか？

---

broaden（広げる）を使った言い回しです。リサーチの対象を広げてみようという提案ですね。
broadenの代わりにwiden（広げる）を使うこともできます。

This year I want to widen the scope of my activities.
今年は活動の幅を広げたいと思っています。

🖋 column

仕事を頼まれたときに、「自分の担当ではない」と答えるのも冷たい感じがしますね。
そう思って手伝ってあげると、本来の担当者から、
That's the area I'm covering. と、仕事を勝手に取らな

いよう警告を受けることがあります。

社員の仕事の責任がはっきりしているうえに、常に自分の存在価値を示していかなければならない厳しさから来るのでしょう。他人が自分の仕事の範囲に入ってくることには神経質なところがあります。

ではどうしたらいいのでしょうか。

まず、誰の仕事かを調べてあげる。もし自分が担当者を知っていて、頼んできた人がその担当者を知らなければ、

Shall I introduce you to Steve?

または、

I could speak to Steve. Maybe he can help you.

などと言って、担当者を紹介してあげるのがスマートではないでしょうか。

着地点の探り方

　ビジネスでは **win-win situation**（お互いが勝ったと思える状況）を作るのが望ましい

　──教科書的にはそうでも、ビジネスの現場ではそう簡単ではないと感じておられる方も少なくないと思います。

　ビジネスには力関係がつきものですが、立場の強い者が弱い者に圧力をかけるのではなく、お互い相手の立場を尊重しながら対等に交渉しようという精神が大切です。

　少なくとも表面的にはフェアに見せるように演出しなければなりません。

　あくまで私個人の印象ですが、イギリスのビジネスの進め方は非常にバランスが取れていると感じることが多いですね。

　彼らは、異なる意見をうまく調整するのに長けていると感じる場面がよくあります。

　相手の意見をじっくり聞いたうえで、相手を窮地に追い込まず、ダイレクトな言い方は避け、関係者の感情をコントロールしながら、しこりを残さないよう意見をまとめていくのです。

　条件を交渉してお互いが妥当だと思われるところに落ち着

くと、**Fair enough.** (妥当だね)と言って納得します。

　最初は納得していなかったが、相手の説明を聞いたりお互い譲歩したりして、それなら納得できる、受け入れられる、というところまで来たときに発するひと言です。

　このひと言が出ると、一瞬折れてくれたように感じるのですが、よくよく後で考えてみると、自分たちにとって有利な方向にさり気なく引き込んでいることも少なくありません。実に手強い交渉相手です。

　こうした絶妙な舵取りは、世界中の植民地を統治した大英帝国のDNAかもしれませんが、ポイントは、相手の意見をじっくり聞くことで、相手に安心感を与える点ではないかと思います。

Chapter 8

注意をうながす単語・ほめる単語

社員に注意したり、ほめたりするのは、
日本とはちょっと違う感覚が必要です。
文化の違いも意識しながら、的確なひと
言で相手の気持ちを惹きつけましょう。

supportive

協力的な

Example

Shall we try to create a supportive environment?

協力し合う環境を作っていくよう努力しませんか？

仕事で協力的でない人に対して協力を促すフレーズです。**supportive** は support（助ける、支持する）の形容詞。心の中では **You're unsupportive.**（お前は非協力的だ）と叫んでいるかもしれませんが、このような肯定的な提案にすることができます。また、**You** ではなく **we** と言うことによって個人攻撃的なトーンを避けることが可能です。

> 💬 こんな言い方もできる
>
> **If we could work together harmoniously, that would benefit the entire team.**
>
> もし円滑に仕事をすることができたら、それはチーム全体にとってメリットがあります。

harmoniously（調和の取れた方法で、調和を取りながら）を使ったフレーズです。**harmoniously** は、**harmony**（調和）

の副詞。形容詞 **harmonious**（調和の取れた）を使って、

If we could create a harmonious environment,...

と表現することができます。

💬 supportive は、こんなふうにも使える！

I like the fact that my colleagues are supportive of each other.
私の同僚はお互いに助け合っている点が好きです。

形容詞 **supportive** を使い職場環境について述べるひと言。

✏️column

人に注意するときに心がけたいのは、なるべく否定文ではなく肯定文を使うことです。例えば、ミーティングを無断欠席した人に対して、

Why didn't you come to the meeting?
なぜミーティングに来なかったのか？

と聞くと、相手は身構えて言い訳を並びたてるかもしれません。その代わりに、

I would have liked you to be in the meeting.
ミーティングにいてほしかった。

と言えば、相手は素直な気持ちになって、事情を正直に説明してくれるかもしれませんね。

その時の状況にもよりますが、否定的なことを肯定文で表現できないか、考えてみる価値はあると思います。

suggest

提案する

Example

I **suggest** you spend less time on the phone.
電話にかける時間を減らしてはどうでしょう。

電話で長話をする人に注意を促すときのフレーズです。
You spend too much time on the phone.（電話に時間を
かけすぎだ）と注意する代わりに、提案する形を取ってい
ます。**suggest**は、**I suggest spending…**（名詞句）または
例文のような**I suggest ＋ 文章**の形を取ります。

💬 こんな言い方もできる

I have some **recommendations** on your report.
報告書について何点か提案があります。

recommendations（提案）を使って言いにくいことを伝え
る言い方です。相手が部下であれば、
I want you to make some changes to your report.
報告書でいくつか修正してもらいたい点がある。
と言っても構いませんが、ちょっとした工夫によって柔ら
かく表現することができます。

The latest sales figures suggest a gradual economic recovery. 直近の売り上げの数字は、穏やかな景気回復を示しています。

「示す」という意味で使われる**suggest**の用法です。事実や統計が何かを示しているときにピッタリです。

A recent survey suggests that consumers spend less money for luxury goods. 最近の統計は、消費者は高級品への支出を抑えていることを示しています。

なお、この場合の**suggest**は**indicate**、**show**（示す）と置き換えることができます。

🖊 column

人に注意を促すときのスキルとしてよく言われるのが**PNP sandwich**と言われる手法。いきなり注意するのではなく、**positive**に入る（**P**）→注意すべき**negative**な事項に触れ（**N**）→**positive**に締めくくる（**P**）、つまり、**positive**の間に**negative**を挟む（サンドイッチにする）というやり方です。

例えば、長電話する社員に注意する場合は、「顧客関係構築には長けている」（**P**）→「でもときどき電話が長すぎる」（**N**）→「短くすればお互いにとって効率アップ」（**P**）といった論法です。いきなり**negative**な点を突くよりはいいかもしれませんね。

just

ただ〜だけ

Example

Just get the priorities right.
メリハリをつけさえすればいいのです。

注意や指示の範囲を狭めるシンプルな言い回しです。
just を加えることによって、たいしたことじゃない、たっ
たそれだけのことだ、というニュアンスが生まれます。
You should think about your priorities. (優先順位を考え
るべきです) と言うより、相手の抵抗感を和らげられるか
もしれません。priorities の代わりに focus (焦点) を使って、
Just get the focus right. と言うこともできます。

💬 こんな言い方もできる

You **don't need to be** perfect in everything.
全てのことに完璧である必要はないですよ。

何でも完璧にやろうとして、肝心な仕事に手が回らない社
員に対して、ひと言かけるフレーズです。このように前置
きしてから、You can prioritize... (prioritize 優先する) と
言って具体的なポイントに入ってみるのも一案です。仕事

でパンクしそうになっている社員にとっては、肩の荷が下りるでしょう。

💬 just は、こんなふうにも使える！

Just about everybody will be affected by the merger.
ほとんど全員が合併の影響を受けます。

just に about がつくと、「ほとんど（**almost**）」という意味になります。「タイミングは、だいたいそんな感じでいいですね」と言うときには、
The timing is **just about** right. と言ったりします。
That's **just about** everything. と言えば、「それでほぼ全部でしょう」という意味です。

🖋column

メッセージは、相手に言葉として"伝える"だけではまだ道半ばで、相手の脳裏に刻み込まれて初めて"伝わった"と言えます。注意するときも同じです。相手にしっかり伝わるには、論点を絞ること。「そもそも君は…」と範囲を広げて他のことも盛るのは得策とは言えません。

  I realize it's not easy for you.
  簡単ではないことは認識しています。

などと前置きしながら、サラッと核心を突いてみてはいかがでしょうか。

blame

責める

Example

I don't mean to blame anybody for the mistake.

間違いを誰かのせいにするつもりはありません。

個人攻撃をしているわけではないと言うときのひと言です。
blame は「(人の)のせいにする、責める」で、基本形は
blame A for B(BをAのせいにする、BのことでAを責める)。

また、**criticize**(批判する)は悪い点を見つけて批判するの
に対し、**blame** は過失や間違いに対して非難し、責任を問
うというニュアンスの違いがあります。

> 💬 こんな言い方もできる
>
> **It was not my intention to offend you.**
> あなたを怒らせるつもりはありませんでした。

注意したことが相手の感情を損ねたときに使われるフレー
ズです。**offend** は「(人を)怒らせる、(人の)感情を損なう」
ときに使われます。
相手から、**I'm insulted.**(侮辱された)といったコメントが

飛び出してきた場合は、まず相手の感情を抑えるのが先決ですね。

💬 blame は、こんなふうにも使える！

The management is to blame for the scandal.
経営陣に不祥事の責任があります。

責任の所在を示すフレーズです。**A is to blame for B** で「A にB の責任がある、AがB の原因である」という構文になります。

Poor working conditions are to blame for the strike.
劣悪な労働状況がストライキの原因です。

column

注意をしたときに相手が感情的になる一つの理由に、個人攻撃をされた、人格を傷つけられたと感じることがあると思います。そんなときは、

Please don't take it personally.
個人に対する非難と受け取らないでください。

I can see why you would see it that way.
なぜそう思うかはわかります。

などとコメントしながら、相手の考えを理解する姿勢を示すことが大切ではないでしょうか。

consider

考える|

Example

I'd like you to consider this carefully.

じっくり考えてみてください。

即答を求めず、相手に考える時間を与えるときのフレーズ
です。considerは「〜についてよく考える」。何かを決め
る前にじっくり考えるというニュアンスがあります。

We're considering a takeover of a pharmaceutical company.

薬品会社の買収を検討中です。

💬 こんな言い方もできる

You can get back to me later.

返事は後でいただければいいですよ。

返事は後で構わないことを伝えるフレーズです。get back
は「戻ってくる」ですが、相手の質問に答えるときに使わ
れます。

get backの他に、こんな言い方をすることもできます。

We can talk about it later. 後で話してもいいですよ。

Considering you joined just two years ago, you did a very good job this year.

たった2年前に入社したことを考えると、今年はとてもいい仕事をしましたね。

Considering... は「〜を考えると」という決まり文句です。You did a very good job, considering... という順番でも構いません。また、considering の後は名詞句でも OK です。

Considering the tough market environment, I believe we made the right choice.

厳しい市場環境を考えれば、正しい選択をしたと確信しています。

🖊column

「人から苦情を受けたときは、人と場所を変えて時間を稼げ」と言われます。社員に対する注意は苦情とは違いますが、相手が感情的になっているときは、気持ちを静める必要があります。会議室からカフェテリアに移動すれば、場所も時間も稼ぐことができます。相手が納得していないときは、

You don't need to answer now.

などと言って、相手に時間を与えてみるのも一案ではないかと思います。

impressed

感心する、感動的な

Example

I'm impressed with your handling of the Q&A session.

質疑応答セッションのさばき方には感心しました。

仕事に対してポジティブなフィードバックを与えるときの
フレーズです。impress は「印象付ける」という動詞。be
impressed with ～で「～が印象的だった、～に感心した」
という意味になります。形容詞 impressive を使って、
Your presentation was **impressive**.
あなたのプレゼンは印象的でした。
などと言うこともできます。

💬 こんな言い方もできる

I'm very **pleased with** the positive result of your
business trip. 出張の成果を嬉しく思います。

be pleased with ～（～を嬉しく思う）を使った褒め言葉
です。I'm happy with ～よりも多少フォーマルな言い方な
ので、相手に嬉しさをしっかり伝えたいときに使うと効果

があります。**pleased**の後に文章を続けることもできます。

I'm pleased that your work is finally recognized in the industry.

あなたの仕事がついに業界で認められて嬉しいです。

💬 impressは、こんなふうにも使える!

I was under the impression that the client had understood our position.　顧客はわれわれの立場を理解していたと思っていました。

名詞形 **impression**（印象）を含む **be under the impression that...**（～ように思う）という言い回しです。「自分は…という印象を持っていた」ということで、そう思っていたが実際にはそうではないのか? という含みがあります。

I was under the impression that he had hoped for a transfer.　彼は転勤を希望していたと思っていました。

🖊column

My boss doesn't give me any feedback.（上司はフィードバックをくれない）──日本人の上司を持った外国人からよく聞くコメントです。フィードバックとは、ある仕事に対してのコメントや助言で、「よく頑張っているね」といった励ましとは別物です。

外国人の部下に接する場合は、できるだけ具体的なアドバイスをしてあげましょう。

deserve

値する

Example

You deserve a lot of credit for this research.
この研究は高い評価を受けるに値します。

仕事が高い評価に値することを伝えるひと言です。

deserveは「〜に値する、〜を受けるに値する・足る」とい
う意味の動詞で、非常に英語的な表現のひとつ。例えば、
You deserve the promotion. は、「あなたは昇進に値す
る」、つまり、昇進するにふさわしいというニュアンスです。

💬 こんな言い方もできる

Your dedication to this project paid off in the end.
プロジェクトに対するあなたの献身的な働きが報わ
れました。

仕事に対する貢献度の高さに関わるねぎらいのひと言です。
pay offにはいろいろな意味がありますが、ここでは「努力
の甲斐がある、（苦労が）報われる」という意味で使われて
います。

**We finished the project on schedule. All our hard work
paid off.**

プロジェクトを予定通りに終わらせました。一生懸命やっ
た甲斐がありましたね。

**She has a well-deserved reputation as a reliable
manager. 彼女は信頼できるマネージャーという評価
を受けるに値します。**

「（賞罰・評判などを）受けるに値する、受けて当然の」と
いう意味の well-deserved を使った言い回しです。
成功するには運と努力が必要ですが、この well-deserved
は、運ではなく、時間と労力をかけて頑張って成功したと
きにピッタリです。

column

日本のビジネスパーソンの中には、相手を褒めるのに
抵抗のある人が少なくありません。しかし、外国人に
気持ちよく働いてもらうには、スイッチを入れ替えて
"褒め上手な人"に変身しなければなりません。
**You're a valuable member of the team.
あなたはチームの貴重な一員です。**
といったフレーズが抵抗なく出てくるよう、普段から
練習しておきましょう。

underestimate

過小評価する

Example

I underestimated your talent in networking.
あなたの人脈作りの才能を過小評価していました。

人を過小評価していたことを伝えるフレーズです。
estimate は「見積もる」、それに **under-**（下に、下方に）が
ついて「過小評価する」となります。
過小評価していた、つまり、思ったよりやるじゃないか、
なかなかやるじゃないか、というニュアンスで、予想を上
回るときに使われます。

ちなみに、反対は **overestimate**（過大評価する）です。

💬 こんな言い方もできる

We look at things differently now.
今は（以前とは）違う目で見ています。

今は以前とは見方が違う、と言うときのフレーズです。
前後関係によって意味が違ってきますが、本人が成長した、
仕事のパフォーマンスが改善した、といった状況の変化に

対して使うことができます。

💬 underestimate は、こんなふうにも使える！

We've underestimated the legal cost.
弁護士費用を少なく見積もっていました。

underestimate は、人に対してだけでなく、（費用・時間・事象を）少なく見積もるときにも使われます。

We shouldn't underestimate the effect of word-of-mouth advertising.
口コミの宣伝効果を過小評価すべきではありません。

✒column

社員が思っていた以上の働きをしてくれたときに、心を込めて笑顔で、
Well done!（よくやりましたね）
と言えば、気持ちはある程度伝わるでしょう。

ただ、以心伝心とは違う世界の人たちと接するには、気持ちを言葉にして相手に伝えることが大切です。
普段から、"ひと言添える"ことを意識してみましょう。

energy

エネルギー

Example

You've put a lot of energy into this new venture. この新事業にエネルギーを注ぎましたね。

努力したプロセスに対して評価をするフレーズです。**put an energy into ～**で「～にエネルギーを注ぐ、注力する」。**energy**の代わりに**effort**を使うこともできます。
I see you **put a lot of effort into** the presentation material.
あなたがプレゼン資料に注力してきたのがわかります。

💬 こんな言い方もできる

You've devoted yourself in exploring new markets.
新しい市場の開拓に専念してきましたね。

何かに打ち込んできたことを評価するときのフレーズです。**devote**は「（何かに）没頭する、（時間や労力を）費やす、献身的に尽くす」、**devote oneself**で「（自分が何かに）打ち込む」となります。
I've **devoted myself to** the renewable energy business.
再生エネルギービジネスに精力を注いできました。

We hope the off-site meeting will energize our staff.

オフサイトミーティングがスタッフに活力を与えることを期待します。 (米)energize (英)energise

*off-site meeting：日常の喧騒から離れた環境で(off-site 現場を離れて)集中的に行うミーティング

energy の動詞 energize を使ったフレーズです。**energize** は **energy** から想像する通り、「元気づける(元気になる)」という意味の動詞です。休暇でしっかり充電できたら、こう言えばOKです。

I feel energized after my holiday.

休暇から戻って元気になりました。

🖊 column

日本には、気合とか根性といった精神論がありますが、外国には頑張る文化はないかというと、決してそんなことはありません。**dedication, commitment, enthusiasm**——どの単語をとっても、一生懸命頑張るときの言葉です。ただ、彼らの言う頑張りは、がむしゃらではなく、効率よく最大限の努力をすることではないかと思います。例えば、「長時間の残業をした＝頑張った」とはなりません。

こうした点を意識しながら、努力を認めるコメントを考えてみてください。

if I were you

もし私があなたなら

Example

If I were you, I'd apply for the job.
もし私があなたなら、その仕事に応募するでしょうね。

間接的ながら、はっきりと助言をするフレーズです。
もちろん、
It's a once-in-a-lifetime opportunity. You should apply for it. 滅多にないチャンスですね。応募すべきですよ。
などとズバリ言うのもありでしょう。
状況に応じて使い分けることですね。

💬 こんな言い方もできる

If I were in your place, I'd accept the offer.
もしあなたの立場なら、オファーを受けるでしょう。

If I were you同様、自分がもし相手の立場だったら、という言い回しです。**place**の代わりに**position**を使って**If I were in your position**と言うこともできます。
逆に相手に聞きたい場合は、こんなふうに言うことができます。

What would you do, if you were in my position?
私の立場だったら、あなたはどうしますか？

💬 ifは、こんなふうにも使える！

The contract will be renewed only if all parties agree.
関係者全員が合意したときのみ、契約は更新されます。

only if...「〜したときだけ、〜の場合に限り」というフレーズです。

似た言い方に**if only 〜**がありますが、これは「ただ〜さえ〜ならいいのだが」という別の意味になります。

If only I could speak the local language.
現地の言葉さえできればなあ…。

🖋️column

> 外国人から相談事を持ちかけられたら、どう対処しますか？　こんなときに役立つのが**active listening**という手法です。ただ聞くのではなく、**I see.** とか**Why do you think so?** といった相槌や質問を挟みながら、身を乗り出して**active**に（積極的に）聞くやり方です。相手は「聞いてもらった」という気持ちになり、相談を受けた方も相手の思いを理解できるので、一石二鳥です。ヒアリングの勉強だと思ってぜひやってみてください。

convinced

確信している

Example

I'm **convinced** that your effort will bear fruit.

あなたの努力は実を結ぶと確信しています。

*bear fruit 実を結ぶ

誰かを励ますときに使うことのできるフレーズです。
be convinced ～は「～を確信している」。確信している→
大丈夫だ、やればできる、ということですね。
convinced of ＋名詞(句) の構文もよく使われます。
I'm **convinced of** your future career.
あなたの将来のキャリアを確信しています。

💬 こんな言い方もできる

I'm sure you'll grow into that position.

その職務にふさわしく成長すると確信しています。

*grow into ～ ～に成長する、(仕事に)慣れる

I'm sure ～（確かに～だと思う、～を確信している）を使っ
た言い方です。例文は、新しいポジションを与えた社員に
対して、あなたならできると信じている、と励ますひと言。

次の文は、送別の辞としてよく使われます。

I'm sure you will join me in wishing her every success in her new position.　彼女の新しい仕事が万事うまくいくよう、われわれ一同願っています。

💬 convince は、こんなふうにも使える！

I'll try to convince my boss that it's worth investing in Central Asia.　中央アジアに投資する価値があることを上司が納得するよう、やってみます。

*worth 〜　〜する価値がある

「納得させる」という **convince** の用法です。まだ相手が首を縦に振っていない状態で説得を試みるときに使われます。逆に、自分が納得していないときは、こう言えばいいですね。

I'm not entirely convinced.
まだ完全には納得していません。

🖊column

外国人の部下から受ける相談には、今後のキャリアに関するものも少なくありません。終身雇用という発想がなく、次のステップを考えるのが当然だからです。相手の将来像や要望を聞いたら、できれば今の職場で付加価値のつく機会を与えることです。その際、相手を励まし奮起させるひと言を用意しておきましょう。

appreciate

ありがたく思う、感謝する

Example

I appreciate your help during this transition period.

この移行期に手を貸していただき感謝します。

謝意を示すときのフレーズです。

この **appreciate** は「感謝する、ありがたく思う」という意味で、ビジネスで頻繁に使われる言葉です。

eメールでも、こんな使い方ができます。

I would appreciate it if you could send me the documents by Friday.

金曜日までに書類をお送りいただけるとありがたいです。

仕事で何かを丁寧に頼むときにピッタリのフレーズですね。

💬 こんな言い方もできる

I'm grateful to you for your support in this ground-breaking deal.

この画期的なプロジェクトをご支援いただき、感謝しています。　　　　　　　　　　　　　　　　*groundbreaking 画期的な

ある人に対して感謝の気持ちを表すときにピッタリなのが **be grateful** です。
相手に親近感や温かい気持ちを持つ場合に使われる場合が多いと言えるでしょう。

appreciate 同様、
I would be grateful if you …
の形で、丁寧に依頼するときに使うこともできます。

> 💬 appreciate は、こんなふうにも使える！
>
> **The Japanese yen has appreciated against the US dollar.**
> 日本円は米ドルに対して上昇した。

appreciate には、「感謝する」という意味の他に、「価値が上がる」という意味があります。

例えば、
The housing price has appreciated. は
「住宅価格は上昇した」となります。

🖋 column

ビジネスにおいて **show appreciation**（感謝の意を示すこと）は大切な潤滑油です。

なかでも、**appreciate** はビジネスの **magic word**（魔法の言葉）ともいえるもの。

仕事だからやって当然ということでも、やってくれたことにお礼を言うときや、何かを依頼するときに **appreciate** を使ってみましょう。相手との距離を縮め、信頼関係を深める一助となるでしょう。

TOEICなど資格試験の次に来るもの

「TOEICがある程度のレベルでも、英語が使えるとは限らない。"英語の運用力"をつけるにはどうしたらいいでしょう？」
——会社の人事教育担当の方から、こんな相談を受けることがあります。

最近はTOEICが就活だけでなく、入社後の海外赴任の選抜や昇格にまで関わってくることもあるので大変ですね。

書店に並ぶ英語の参考書の数をみても、TOEIC本が他に比べて桁外れに多いことからもその重要度がわかります。

世界に通用するという意味ではケンブリッジ英検でしょうが、特に日本と韓国ではTOEICが英語力を測る物差しとなっているようです。

話を本題に戻しましょう。

TOEICや英検などの資格試験に向けて準備することが英語力の底上げになることは間違いありません。

ただ、読解力とヒアリング力のテストが中心となるので、テスト対策だけでは仕事に直結する英語の運用力はなかなか身につかない可能性があります。

仕事で使える英語をマスターするには、まず**どんな状況で**

使う英語が必要かを考えることです。

　外国人の顧客相手に商談する方、広報などのプレゼン中心の方、庶務の英文eメールをやりとりするだけの方

　──いろいろな状況が考えられますが、そこで焦点を当てるべき英語とコミュニケーションスキルには、多少の違いが出てきます。

　やや乱暴な比較ですが、スポーツでは足腰が基本といっても、ラグビーと卓球では鍛えるべき筋肉が違うのと似ています。

　資格試験の勉強は、いわば足腰の筋トレと位置づけられるもの。

　一定レベルを超えたら、運用力向上を目指して、**自分の仕事に近い分野の英語力アップとコミュニケーションスキルの習得**に励んではみてはいかがでしょうか。

▶**Epilogue**

　読者の皆さん、本書に最後までお付き合いいただき、あ
りがとうございました。

　例文を声に出して練習していただいたでしょうか。

　また、clear で concise な plain English、そして personal
touch がどのようなものか、お分かりいただけたでしょう
か。

　本書に出てきたキーワードで、**これは使える！と思うも
のがあったら、必ず声に出して文と一緒に覚えていってく
ださい。**

　声に出し、文の中で覚えていくことが、瞬発力アップの
秘訣です。何度も声に出して言ってみることで、ここぞ！
というときに、とっさに出て来るようになります。

　次に、**実際に使う機会があったら、臆せず使ってみてく
ださい。**

　車の運転に例えると、文を覚えるまでは教習所での練習、
英語を実際に使ってみることは路上での運転に相当します。

　路上で実際に運転してみると、頭で考えていたのとは違
って思わぬ場面に遭遇したり、ときにはヒヤッとしたりす

ることもあるでしょう。

　英語もそれと同じです。真意が通じないこともあれば、期待以上に反応してくれることもあります。通じたときの喜び、通じなかったり誤解されたりしたときの悔しさ・冷や汗・戸惑い……こうした経験を蓄積していくことが、英語の運用力アップ、話す自信につながっていきます。

　英語を普段使うチャンスがない方は、オンライン英会話で練習試合を経験してみてはいかがでしょうか。「今日はこのフレーズを使ってみよう！」と心に決めてからレッスンに臨むと、そのフレーズは〝使える英語〟として体内に吸収されていくでしょう。

　そのときに大切なのは**「文法的に正しくきれいな英語を話さなければならない」という呪縛から解放される**こと。

　文法は交通規則のようなもので、基本事項を押さえておけば充分です。

　そもそも、文法が先にあってその規則に従って言語ができたのではなく、言語に規則性を見いだそうとしたものが文法なのです。交通規則は大切かつ守らなければならないものですが、厳密に守ることばかり考えていたらドライブも楽しくなくなるでしょう。

　外国語学習において文法が大切なことは言うまでもありませんし、正しい英語を話したいという気持ちは正直、私の心の中にも常にあります。

　しかし、自分の意見を発信して存在感を高めるには、細

かいことにこだわりすぎずに、**多少間違っていたとしても、言いたいことを何とか自分の持っている語彙で表現してみようというマインドセットが必要**です。

　ところで、**海外との関わりのない人にとっても英語は重要**という点について、触れたいと思います。

　これまでグローバル化といえば、日本から海外を目指す"内から外"が中心でしたが、今では海外から日本、"外から内"の流れが加わり、日本国内にいても外国人と肩を並べて働くのが日常の風景となりつつあります。
　日本語を流暢に操る外国人も珍しくなくなりました。
　とはいえ、どんなに日本語が上手な外国人にとっても、やはり英語が通じるコミュニティは安心だしリラックスできると言います。私たちが海外で日本語が通じるとホッとするのと、似ているのかもしれませんね。
　社内であれ、地域社会であれ、英語が通じる環境を作ることは、共生社会（inclusive society）を目指そうという意思表示であり、それが外国人を引き寄せる原動力になると考えます。外国人を歓迎し、理解しようとし、尊重する姿勢を示すことになるのです。

　「グローバル人材」を私なりにかみ砕くと**「多様な属性や異なる価値観の人たちの意見を聞き、それをもとに自分で考え抜き、相手が納得する答を出しながら物事を前に進め**

ていくことのできる人材」。

　そして、英語を含む外国語の運用力は、そのための重要な道具（ツール）という位置づけです。英語は世界との対話に不可欠な道具で、磨けば磨くほど世界は広がります。

　仕事にも磨きをかけ、人間の幅を広げていくことが、外国人から一目置かれる存在になる道ではないでしょうか。

　私も皆さんと同じように、努力を積み重ねていきたいと思いますので、一緒に前を向いて頑張りましょう。

　最後に、執筆にあたっては青春出版社 編集部の村松基宏氏に大変お世話になりました。この場をもって改めて御礼申し上げます。

柴田真一

本書は2016年に弊社より刊行された
『一流は、なぜシンプルな英単語で話すのか』(青春新書インテリジェンス)
に大幅に書き下ろしを加えたうえ再編集した文庫版です。

青春文庫

英会話
仕事がうまくいく
キーワード100

2021年8月20日　第1刷

著　者　柴田真一

発行者　小澤源太郎

責任編集　株式会社プライム涌光

発行所　株式会社青春出版社

〒162-0056　東京都新宿区若松町12-1
電話 03-3203-2850（編集部）
　　　03-3207-1916（営業部）　　　印刷／大日本印刷
振替番号　00190-7-98602　　　製本／ナショナル製本
ISBN 978-4-413-09783-3
©Shinichi Shibata 2021 Printed in Japan
万一、落丁、乱丁がありました節は、お取りかえします。